# Processo tributário

volume 1

Central de Qualidade — FGV Management
ouvidoria@fgv.br

SÉRIE DIREITO TRIBUTÁRIO

# Processo tributário

volume 1

**Joaquim Falcão**
**Sérgio Guerra**
**Rafael Almeida**

Organizadores

Copyright © 2017 Joaquim Falcão; Sérgio Guerra; Rafael Almeida

Direitos desta edição reservados à
EDITORA FGV
Rua Jornalista Orlando Dantas, 37
22231-010 | Rio de Janeiro, RJ | Brasil
Tels.: 0800-021-7777 | 21-3799-4427
Fax: 21-3799-4430
editora@fgv.br | pedidoseditora@fgv.br
www.fgv.br/editora

Impresso no Brasil | *Printed in Brazil*

Todos os direitos reservados. A reprodução não autorizada desta publicação, no todo ou em parte, constitui violação do copyright (Lei nº 9.610/98).

*Os conceitos emitidos neste livro são de inteira responsabilidade dos autores.*

1ª edição – 2017

Preparação de originais: Sandra Frank
Editoração eletrônica: FA Studio
Revisão: Aleidis de Beltran | Fatima Caroni
Capa: aspecto:design

Ficha catalográfica elaborada pela
Biblioteca Mario Henrique Simonsen/FGV

Processo tributário, v.1 / Organizadores Joaquim Falcão, Sérgio Guerra, Rafael Almeida. – Rio de Janeiro : Editora FGV, 2017.
180 p. – (Direito tributário (FGV Management))

Publicações FGV Management.
Inclui bibliografia.
ISBN: 978-85-225-1815-9

1. Processo tributário. I. Falcão, Joaquim, 1943- . II. Guerra, Sérgio, 1964- . III. Almeida, Rafael. IV. Fundação Getulio Vargas. V. FGV Management. VI. Série.

CDD – 341.39

*Nossa missão é construir uma Escola de Direito referência no Brasil em carreiras públicas e direito empresarial, formando lideranças para pensar o Brasil no longo prazo e ser referência no ensino e na pesquisa jurídica para auxiliar o desenvolvimento e o avanço do país.*

FGV DIREITO RIO

# Sumário

Apresentação   9

Introdução   11

1 | Processo administrativo fiscal (PAF): princípios, primeira instância e generalidades. Segunda instância: recurso hierárquico, ação anulatória contra decisão   13

*Roteiro de estudo*   13

   Introdução ao processo administrativo fiscal   13

   Histórico do processo administrativo fiscal   14

   Do processo fiscal   26

   Das nulidades   53

*Questões de automonitoramento*   54

2 | Processo administrativo fiscal (PAF): consulta e compensação   55

*Roteiro de estudo*   55

Processo de consulta   55
Restituição   64
Compensação   74
Parcelamento   88
Denúncia espontânea   94
*Questões de automonitoramento*   99

## 3 | Ações: mandado de segurança e ação consignatória/repetição de indébito   101

*Roteiro de estudo*   101
Mandado de segurança (MS)   101
Ação de repetição de indébito   142
Ação consignatória   153
*Questões de automonitoramento*   157

## 4 | Sugestões de casos geradores   159

*Processo administrativo fiscal (PAF): princípios, primeira instância e generalidades. Segunda instância: recurso hierárquico, ação anulatória contra decisão (cap. 1)*   159
*Processo administrativo fiscal (PAF): consulta e compensação (cap. 2)*   160
*Ações: mandado de segurança e ação consignatória/ repetição de indébito (cap. 3)*   161

## Conclusão   163

## Referências   165

## Organizadores   173

## Colaboradores   175

# Apresentação

Aliada à credibilidade de mais de meio século de excelência no ensino de economia, administração e de outras disciplinas ligadas à atuação pública e privada, a Escola de Direito do Rio de Janeiro da Fundação Getulio Vargas – FGV DIREITO RIO – iniciou suas atividades em julho de 2002. A criação dessa nova escola é uma estratégia da FGV para oferecer ao país um novo modelo de ensino jurídico capaz de formar lideranças de destaque na advocacia e nas carreiras públicas.

A FGV DIREITO RIO desenvolveu um cuidadoso plano pedagógico para seu Programa de Educação Continuada, contemplando cursos de pós-graduação e de extensão. O programa surge como valorosa resposta à crise do ensino jurídico observada no Brasil nas últimas décadas, que se expressa pela incompatibilidade entre as práticas tradicionais de ensino do direito e as demandas de uma sociedade desenvolvida.

Em seu plano, a FGV DIREITO RIO assume o papel de formar profissionais preparados para atender às reais necessidades e expectativas da sociedade brasileira em tempos de globalização. Seus cursos reforçam o comprometimento da escola em inserir no mercado profissionais de direito capazes de lidar com áreas interdisciplinares, dotados de uma visão ampla das questões jurídicas e com sólidas bases acadêmica e prática.

A Série Direito Tributário é um importante instrumento para difusão do pensamento e do tratamento dado às modernas teses e questões discutidas nas salas de aula dos cursos de MBA e de pós-graduação, focados no direito tributário, desenvolvidos pela FGV DIREITO RIO.

Dessa forma, esperamos oferecer a estudantes e advogados um material de estudo que possa efetivamente contribuir com seu cotidiano profissional.

# Introdução

Este volume, dedicado ao estudo do processo tributário, tem origem em profunda pesquisa e sistemática consolidação dos materiais de aula acerca de temas que despertam crescente interesse no meio jurídico e reclamam mais atenção dos estudiosos do direito. A intenção da Escola de Direito do Rio de Janeiro da Fundação Getulio Vargas é tratar de questões atuais sobre o tema, aliando a dogmática e a pragmática jurídicas.

A obra trata, de forma didática e clara, dos conceitos e princípios do processo tributário, analisando as questões em face das condições econômicas do desenvolvimento do país e das discussões recentes sobre o processo de reforma do Estado.

O material aqui apresentado abrangerá assuntos relevantes, como:

❑ processo administrativo fiscal (PAF);
❑ PAF – consulta e compensação;
❑ ações – mandado de segurança e ação consignatória/repetição de indébito.

Em conformidade com a metodologia da FGV DIREITO RIO, cada capítulo conta com o estudo de *leading cases* para auxiliar na compreensão dos temas. Com ênfase em casos práticos, pretendemos oferecer uma análise dinâmica e crítica das normas vigentes e sua interpretação.

Esperamos, assim, fornecer o instrumental técnico-jurídico para os profissionais com atuação ou interesse na área, visando fomentar a proposição de soluções criativas para problemas normalmente enfrentados.

# 1 Processo administrativo fiscal (PAF): princípios, primeira instância e generalidades. Segunda instância: recurso hierárquico, ação anulatória contra decisão

## Roteiro de estudo

*Introdução ao processo administrativo fiscal*

O processo administrativo fiscal (PAF) é, em um sentido amplo, o conjunto de atos administrativos tendentes ao reconhecimento, pela autoridade competente, de uma situação jurídica pertinente à relação fisco-contribuinte. Já considerando uma definição restritiva, representa a espécie do processo administrativo destinada à determinação e exigência do crédito tributário, ou seja, é o processo que visa à obtenção de decisão da administração sobre um litígio acerca da exigência do crédito tributário, entre outras matérias tributárias.

O ordenamento jurídico brasileiro, através da Constituição Federal de 1988 (CRFB/1988), prevê a possibilidade de questionar o poder público (incisos XXXIV, "a" – direito de petição – e LV – direito ao contraditório e a ampla defesa, ambos do art. 5º).

Portanto, diante da possibilidade de um conflito de interesses no qual a administração pública é um dos polos, é por meio de um processo administrativo que a vontade da administração se instrumentaliza, no sentido de "realizar a justiça", sem que para isso seja necessário ao demandante recorrer ao Judiciário. Assim, se a administração concordar com o pleito do contribuinte, não se faz necessária uma demanda judicial, de modo que, como observa Hugo de Brito Machado:[1] "A finalidade do Contencioso Administrativo consiste precisamente em reduzir a presença da Administração Pública em ações judiciais. O Contencioso Administrativo funciona como um filtro".

## Histórico do processo administrativo fiscal

Prevaleceu, no ordenamento jurídico brasileiro, o princípio da universalidade da jurisdição, isto é, da "jurisdição una", adotada pelos países do *common law*, o que acarreta uma dupla proibição: a de atribuir funções jurisdicionais a órgãos de outros poderes e a proibição de que seja excluída da apreciação do Poder Judiciário qualquer lesão de direitos individuais, notadamente no caso de esta lesão decorrer de atos da administração.

Entretanto, com a Constituição de 1934, criou-se um tribunal especial com o objetivo de julgar recursos de atos e decisões do Poder Executivo, sem, contudo, retirar a função jurisdicional especificamente do Judiciário.

A Constituição de 1967 manteve ambos os mecanismos, isto é, a competência exclusiva do Judiciário para julgar, mas, em seu art. 203, estabeleceu que "poderão ser criados contenciosos administrativos, federais e estaduais, sem poder jurisdicional, para a decisão de questões fiscais e previdenciárias, inclusive relativas a acidente de trabalho".

---

[1] MACHADO, Hugo de Brito. *Mandado de segurança em matéria tributária*. São Paulo: RT, 2010. p. 307.

Desse modo, durante a vigência dessas, foram criados vários órgãos administrativos, entre os quais o Conselho de Contribuintes, o Conselho de Recursos da Previdência Social (hoje, as matérias tributárias federais e previdenciárias são julgadas em primeira instância pelas delegacias regionais de julgamento e, em segunda instância, pelo Conselho Administrativo de Recursos Fiscais) e o Conselho de Recursos do Sistema Financeiro Nacional.

Com base nas atribuições conferidas pelo art. 1º do Ato Institucional nº 12, foi editado o Decreto-Lei nº 822, de 5 de setembro de 1969, que, em seu art. 2º, afirmava: "O Poder Executivo regulará o processo administrativo de determinação e exigência de créditos tributários federais, penalidades, empréstimos compulsórios e o de consulta". Concedia, portanto, competência legislativa ao Poder Executivo para regular o PAF, o que veio a ocorrer através do Decreto nº 70.235, de 6 de março de 1972.

Em face de esse decreto ter sido editado pelo Executivo, muito se questionou a respeito da sua natureza jurídica, já que o decreto-lei, após a entrada em vigor da EC nº 1/1969, tinha seu fundamento de validade em um ato institucional provisório. A questão foi pacificada pelo antigo Tribunal Federal de Recursos, que entendeu caber à presidência da República, sob a égide dos atos institucionais, substituir o Legislativo em sua competência legislativa, inclusive com base em leis delegadas. Assim, o Decreto-Lei nº 822/1969 é fruto dessa delegação e dele se originou o Decreto nº 70.235/1972, tendo-lhe sido dado, portanto, *status* de lei.

Esse entendimento prevalece até hoje, de maneira que o Judiciário, sempre que instado a se pronunciar sobre o assunto, tem conferido ao Decreto nº 70.235/1972 a natureza de lei em sentido formal e material, só podendo ser revogado por outra norma legal de mesma hierarquia. Por essa razão, as alterações inseridas no decreto, ao longo dos últimos anos, vêm sendo realizadas por meio de leis (n[os] 8.748/1993, 9.430/1996, 9.532/1997, 9.784/1999, 10.522/2002, 11.196/2005, 11.457/2007, 11.941/2009, 12.844/13 e 12.865/13). Vale destacar que a Portaria Carf n[o] 52, de 21 de dezembro de 2010, chancela a divulgação das súmulas aprovadas e consolidadas com os acórdãos paradigmas e súmulas vinculantes. Assim, o tribunal administrativo também passou a ter súmulas vinculantes referentes aos principais assuntos debatidos.

A partir da CRFB/1988, o contencioso administrativo aparece ao lado do processo judicial, exigindo-se de ambos que o contribuinte tenha direito ao contraditório e à ampla defesa, conforme definido no inciso LV do art. 5[o].

## Finalidade

O Decreto n[o] 70.235/1972, a princípio, regia o processo administrativo de determinação e exigência dos créditos tributários da União e o de consulta sobre a aplicação da legislação tributária federal, isto é, o PAF. Atualmente, porém, com as alterações promovidas pelo Poder Executivo, aplica-se seu rito também em outros casos, como:

❑ Compensação de tributos no caso de não homologação, isto é, não concedida pela administração. O processo de compensação, embora introduzido por meio da Lei n[o] 8.383/1991, que, no seu art. 66, previa a compensação de tributos da mesma espécie, foi de maneira abrangente regulado a partir da Lei n[o] 9.430/1996, em seu art. 74. Tendo sofrido diversas alterações posteriores, entre elas a promovida pela Medida Provisória n[o] 135/2003, depois convertida na Lei n[o] 10.833/2003, que instituiu o rito do PAF, ou seja, do Decreto n[o] 70.235/1972 quando não homologada a compensação.

❑ Exclusão do Simples, estabelecida no art. 8[o] da Lei n[o] 9.317, de 5 de dezembro de 1996, que foi alterada pela Lei n[o]

10.833/2003, que, em seu art. 19, introduziu o § 6º, transcrito abaixo, do citado art. 8º:

> § 6º. O indeferimento da opção pelo SIMPLES, mediante despacho decisório de autoridade da Secretaria da Receita Federal, submeter-se-á ao rito processual do Decreto nº 70.235, de 6 de março de 1972. (Incluído pela Lei nº 10.833, de 29.12.2003)

Desse modo, o Decreto nº 70.235/1972 tanto define os atos e termos a que está sujeita a administração para instaurar um procedimento fiscal quanto estabelece os mecanismos a serem adotados pelo contribuinte para que, no caso de algum equívoco cometido pela Fazenda Pública, possa opor suas alegações contra o lançamento, mediante impugnação ou recurso voluntário.

## Rito processual

O Decreto nº 70.235/1972 estabelece um rito processual que decorre da especialização dos julgadores, distinto daquele definido pela Lei nº 9.784, de 29 de janeiro de 1999, que regula o processo administrativo no âmbito da administração pública federal. Nessa lei, a regra geral de tramitação das petições dirigidas à União é atualmente estabelecida no seu art. 56, que afirma:

> Art. 56. Das decisões administrativas cabe recurso, em face de razões de legalidade e de mérito.
> § 1º. *O recurso será dirigido à autoridade que proferiu a decisão*, a qual, se não a reconsiderar no prazo de cinco dias, o encaminhará à autoridade superior [grifo nosso].

Portanto, enquanto, na regra geral, o recurso é dirigido à autoridade que proferiu a decisão, no PAF este se destina a outro órgão, denominado Delegacia Regional de Julgamento (DRJ), classificado como de primeira instância administrativa. Entretanto, a própria Lei nº 9.784/1999 faz ressalva quanto à possibilidade de existirem leis próprias para determinados processos administrativos, tornando-se ela, desse modo, uma regra geral que se aplica subsidiariamente, como afirma em seu art. 69, transcrito *in verbis*: "Art. 69. Os processos administrativos específicos continuarão a reger-se por lei própria, aplicando-selhes apenas subsidiariamente os preceitos desta Lei".

## Alguns princípios aplicáveis ao PAF

### Princípio da legalidade

Pela teoria clássica da legalidade, o Executivo deve estrito cumprimento da lei até chegar ao seu limite, onde, então, poderia exercer a discricionariedade. Contudo, embora a legalidade seja um princípio basilar do estado de direito, vem sofrendo certos ajustes em função da moderna teoria jurídica, a partir de dois aspectos: a constitucionalização do direito, com a evolução da legalidade para a juridicidade, e as modernas teorias da delegação legislativa, ou deslegalização. Em relação à deslegalização, vale destacar a ressalva colocada por Sergio André Rocha:

> O vocábulo "deslegalização" padece desta plurivocidade, na medida em que, em um conceito lato, designa a exclusão de determinada matéria do âmbito da regulamentação estatal; enquanto, em um conceito mais estrito, refere-se à transferência de competências legislativas do Poder Legislativo ao Poder Executivo.
>
> Em sua acepção mais ampla, a "deslegalização" relaciona-se com a pretensão de se reduzir a intervenção estatal nas relações privadas, na esteira do pensamento neoliberal que permeia alguns círculos do pensamento contemporâneo.

A seu turno, em sua acepção restrita a "deslegalização" refere-se à transferência de competências originariamente alocadas no Poder Legislativo ao Executivo.

É nessa acepção restrita que a "deslegalização" passa a servir como instrumento para viabilizar as intervenções que se exigem da Administração Pública hodiernamente, concretizando-se pela atribuição constitucional de competências normativas ao Poder Executivo, bem como pela delegação legislativa, a qual, segundo CARLOS ROBERTO DE SIQUEIRA CASTRO, ocorre quando da "transferência da função normativa atribuída originária e constitucionalmente ao Poder Legislativo a órgãos ou agentes especializados do próprio Legislativo ou integrantes dos demais Poderes do Estado".[2]

Quanto ao processo administrativo, a CRFB/1988 não estabeleceu a reserva absoluta de lei, pois, pelo que se percebe, esse se encontra dentro das possibilidades de delegação, definido como um tema em que a administração pública deve observar a legalidade, mas em sua densidade mínima. O que, em última análise, pode estabelecer situações em que o Poder Executivo estabeleça atos normativos sobre o PAF com "força de lei".

Não obstante, se essa delegação fosse absoluta, o princípio da separação de poderes estaria rompido. Para que a delegação seja válida, há uma série de requisitos que devem ser observados, quais sejam, a possibilidade jurídica da delegação, ou seja, a inexigibilidade de reserva absoluta de lei; a revogabilidade e a reserva de iguais atribuições pelo poder delegante; a determinação dos limites da delegação, feita por ato específico; e a possibilidade de controle tanto pelo poder delegante (nos

---

[2] ROCHA. Sergio André. *Processo administrativo fiscal*: controle administrativo do lançamento tributário. 3. ed. Rio de Janeiro: Lumen Juris, 2009. p. 55.

aspectos de mérito e legalidade) quanto pelo Poder Judiciário (adstrito à legalidade).

## Princípio da impessoalidade

O princípio da impessoalidade é corolário do princípio da legalidade, que, na verdade, o absorve – a lei é expressão da vontade geral.[3] Observando o princípio da impessoalidade em sua completude, extrai-se que ele é composto de dois aspectos que se materializam em dois importantes princípios jurídicos: a isonomia (tratamento de todos os administrados sem discriminações, benéficas ou detrimentosas)[4] e a finalidade (vedação à administração de perseguir interesses públicos secundários próprios, desvinculados dos interesses públicos primários definidos em lei).[5]

## Princípio da moralidade

O princípio da moralidade tem contornos complexos e é de difícil definição. Aquele que conseguir definir os precisos contornos da moral terá, em larga escala, resolvido um dos "enigmas da esfinge" do direito, pois o debate entre o que é propriamente direito e o que é propriamente moral assola os juristas desde os primórdios dessa ciência. Há autores que o tornam mais palpável, associando-o com o princípio da proteção da confiança.[6]

---

[3] COELHO, Inocêncio Mártires; BRANCO, Paulo Gustavo Gonet; MENDES, Gilmar Ferreira. *Curso de direito constitucional*. São Paulo: Saraiva, 2008. p. 788.
[4] MELLO, Celso Antônio Bandeira de. *Discricionariedade administrativa e controle jurisdicional*. 2. ed. São Paulo: Malheiros, 1993. p. 110.
[5] MOREIRA NETO, Diogo de Figueiredo. *Curso de direito administrativo*. Rio de Janeiro: Forense, 2006a. p. 95.
[6] Ver, por todos: ÁVILA, Humberto. *Sistema constitucional tributário*. São Paulo: Saraiva, 2004. p. 38.

## Princípio da publicidade

O princípio da publicidade é classificado por Diogo de Figueiredo Moreira Neto, como um princípio instrumental ou secundário, sendo assim considerados "aqueles que contêm uma opção formal destinada a aplicar e a dar garantia de aplicação aos (princípios) substantivos".[7] Sua instrumentalidade decorre do seu objetivo, que é garantir a legitimidade dos atos públicos, pois "a democracia é o governo do poder público, de modo que nada possa permanecer confinado no espaço do mistério".[8] No PAF, o princípio da publicidade parece ser interpretado restritivamente pelos órgãos julgadores, como dispõe o seguinte julgado do antigo Conselho de Contribuintes:

> NORMAS PROCESSUAIS – PRELIMINAR DE NULIDADE – QUEBRA DO PRINCÍPIO DA PUBLICIDADE – INOCOR-RÊNCIA – Não há ofensa ao princípio da publicidade a não comunicação, ao contribuinte, do trâmite do processo na primeira instância de julgamento; a uma, porque realizado em conformidade com as regras legais processuais; a duas, porque via sistemas ou mesmo perante o órgão de julgamento o andamento do processo podia ter sido verificado; a três, porque, na sua última fase, o julgamento é público, com prévia publicação, em diário oficial, da sessão em que se dará o julgamento, ofertando-se, pois, aos patronos da causa, a plena operatividade dos direitos garantidos no art. 5º, inciso LV, da Constituição Federal.[9]

---

[7] MOREIRA NETO, Diogo de Figueiredo. *Curso de direito administrativo*, 2006a, op. cit., p. 76.

[8] ROCHA, Sergio André. *Processo administrativo fiscal*, 2009, op. cit., p. 72. Com reflexões retiradas de: BOBBIO, Norberto. *El futuro de la democracia*. México: FCE, 1986. p. 65.

[9] BRASIL. Primeiro Conselho de Contribuintes. Sétima Câmara. Recurso nº 135.977. Relator: conselheiro Nataniel Martins. 15 de abril de 2004. *DOU*, 28 jul. 2004.

## Princípio da eficiência

O princípio da eficiência é definido por Diogo de Figueiredo Moreira Neto[10] como "a melhor realização possível da gestão dos interesses públicos, em termos de plena satisfação dos administrados com os menores custos para a sociedade". Não obstante o dever de eficiência deva estar presente no PAF, ele se materializa melhor, nesse caso, no princípio da duração razoável.

## Princípio da duração razoável

De acordo com Sergio André Rocha, o processo com duração razoável é

> aquele em que há a justa ponderação entre o tempo necessário para o desenvolvimento de um procedimento contraditório, onde as partes possam exercer as posições ativas necessárias para garantir seu direito (ampla defesa), e o tempo dentro do qual foi apresentada a decisão pelo julgador.[11]

Toda a questão acerca desse princípio pode ser resumida na ponderação que deve ser feita quando se trata desse tema: entre o princípio da efetividade e o princípio do devido processo legal. Pois, se de um lado deve-se garantir a efetividade através de um processo célere, não se pode olvidar o princípio do devido processo legal e aqueles que dele decorrem, sob pena de não se dar a efetividade devida ao processo.

---

[10] MOREIRA NETO, Diogo de Figueiredo. *Mutações do direito público*. Rio de Janeiro: Renovar, 2006b. p. 311.
[11] ROCHA, Sergio André. *Processo administrativo fiscal*, 2009, op. cit., p. 80.

## Princípio do formalismo finalístico (instrumentalidade das formas)

O princípio da instrumentalidade das formas pode ser definido como o princípio que consagra a evolução do formalismo estrito para o formalismo finalístico e enseja uma série de desdobramentos no PAF, sejam eles quanto ao conteúdo probatório ou quanto à fungibilidade dos atos, entre outros.

## Princípio da motivação

A motivação é atrelada ao dever de fundamentar as decisões, que serve não apenas para o Poder Judiciário, mas também para o Poder Executivo, na medida em que, ontologicamente, não podem ser diferenciados.

## Princípios da proporcionalidade e da razoabilidade

A proporcionalidade é um método cujos parâmetros estão delineados, consensualmente,[12] em três momentos: adequação, necessidade e proporcionalidade em sentido estrito. Inicialmente, o intérprete deve analisar se aquela medida proposta é legítima e adequada (seriam os dois desdobramentos da adequação); em seguida, se ela é necessária (análise da necessidade pelo prisma quantitativo, qualitativo e probabilístico); e, por fim, se é proporcional em sentido estrito. Quanto a este último aspecto da proporcionalidade, vale explicitar suas duas etapas internas: a importância em abstrato dos princípios em colisão e o grau de

---

[12] Trata-se, obviamente, de simplificação. Não cabe a um trabalho desta natureza discorrer sobre tal problemática. Apenas como nota, há divergências doutrinárias sobre o número de momentos em que se desdobra a proporcionalidade, sobre o que cada um deles significa etc.

sua restrição. Muitas vezes, nossos tribunais e doutrinadores[13] não fazem expressa distinção entre o princípio da proporcionalidade e o da razoabilidade.

## Princípios da ampla defesa e do contraditório

Decorrência do princípio do devido processo legal esculpido na Constituição, a ampla defesa consiste em poderem os litigantes exercer, no processo administrativo ou judicial, todas as posições processuais ativas para bem defender um direito. O princípio do contraditório está umbilicalmente relacionado à ampla defesa, podendo ser entendido como o aspecto de bilateralidade da ampla defesa. Está, no caso do PAF, diretamente ligado à impessoalidade.

## Princípio da verdade material

O princípio da verdade material não pode representar a busca pela verdade absoluta, se é que se pode falar nesse tipo de verdade. Assim, esse princípio se apresenta do seguinte modo:

> Dessa forma, o princípio da verdade material, corolário da própria imposição da legalidade dos atos administrativos, determina uma tripla exigência: a) que se demonstre, com maior grau de verossimilhança possível, a veracidade dos fatos alegados no âmbito do processo; b) limitando-se as situações em que se presume a ocorrência dos fatos relevantes; c) sendo deferido às partes o direito de produzir as provas necessárias para bem demonstrar a procedência de suas alegações.

---

[13] Esse é o entendimento da maior parte da doutrina. Por todos: Luis Roberto Barroso, Gilmar Ferreira Mendes e Sergio André Rocha.

É exatamente no contexto dessa tripla vertente que a verdade material se vincula ao princípio da legalidade, na medida em que tem por finalidade garantir que a Administração Pública envidará esforços para demonstrar a ocorrência dos fatos tributáveis, somente podendo promover a incidência da regra jurídica caso formada a convicção quanto à ocorrência de sua hipótese.[14]

Observe-se, contudo, que há limites para a aplicação do princípio da verdade material, eis que deste não decorre obrigação ao julgador de aceitar todo e qualquer pedido de formação probatória.[15]

## Princípio do livre convencimento motivado do julgador

O princípio do livre convencimento motivado do julgador retira a força vinculante da prova, pois o julgador é livre para decidir em sentido contrário ao apresentado pela prova. Contudo, essa liberdade está obviamente adstrita à motivação, que é a pauta para o controle dos atos administrativos por meio da proporcionalidade.

## Princípio do prejuízo

Só se fala em vício no PAF se houver prejuízo a uma das partes. Podendo ser aproveitado, o prejuízo decorreria da declaração de sua invalidade.

---

[14] ROCHA, Sergio André. *Processo administrativo fiscal*, 2009, op. cit., p. 162.
[15] BRASIL. C. C. 3ª Câmara. Rec. 145.968. Rel. Guilherme Adolfo dos Santos Mendes. 21/1/2008; C. C. 5ª Câmara. Rec. 148.773. Rel. Waldir Veiga Rocha. 14/8/2008; C. C. 7ª Câmara. Rec. 134.442. Rel. Otávio Campos Fischer. 15/5/2003.

## Princípio da causalidade

Sobre esse princípio, ensina Sergio André Rocha:

> Esse princípio, aplicável tanto aos casos de invalidade como de inexistência, trata do reconhecimento de que os diversos atos sucessivos praticados no âmbito do processo se encontram inter-relacionados, de forma que a declaração da inexistência ou a anulação de um, regra geral, afeta todos os atos que lhe forem ulteriores.
>
> É importante salientar que somente serão anulados os atos posteriores ao ato nulo ou inexistente que destes dependam diretamente, sob pena de serem anulados atos válidos que não foram contaminados pelo vício do ato precedente.[16]

O Conselho de Contribuintes dá a esse princípio o nome de princípio da decorrência.

## Princípio da convalidação

O princípio da convalidação é aquele pelo qual os atos anuláveis podem ser convertidos em atos válidos, sanado o vício existente. Decorre da instrumentalidade das formas e do princípio da economia processual. Anote-se, contudo, que só os vícios passíveis de anulação podem ser convalidados. Os nulos não, por conterem vício insanável.

### Do processo fiscal

Tecnicamente, há duas situações distintas que configuram mero procedimento fiscal, porquanto não haja qualquer conflito

---

[16] ROCHA, Sergio André. *Processo administrativo fiscal*, 2009, op. cit., p. 231.

de interesses. Essas situações são: (1) a apuração e lançamento de crédito tributário e (2) o pedido de restituição/compensação. Até aí, não há propriamente processo fiscal, e sim mero procedimento. Instaura-se o processo fiscal (com todas as garantias decorrentes do devido processo legal) em duas hipóteses diretamente relacionadas àquelas: (1) se o contribuinte discordar do lançamento do crédito tributário, interpondo uma impugnação; ou (2) se o pedido de restituição/compensação for negado.

## Dos atos e termos processuais

Os atos processuais no PAF, por óbvio, são atos administrativos, mas não atos administrativos quaisquer. Trata-se de uma categoria específica de atos administrativos relacionados ao PAF. Sua importância será ressaltada na análise das nulidades processuais. Para melhor explanar o tema, importa apresentar os elementos do ato administrativo segundo o mestre M. Seabra Fagundes:

> 13. No ato administrativo há cinco elementos a considerar: a manifestação da vontade, o motivo, o objeto, a finalidade e a forma.
>
> A manifestação da vontade é o impulso gerador do ato e tem lugar por meio de órgãos, que são pessoas postas ao serviço do Estado para o exercício de atribuições determinadas. Estas atribuições, em seu conjunto, constituem o que se denomina competência.
>
> No motivo se compreendem as razões que dão lugar ao ato, isto é, as razões em que ele se baseia. Pela natureza mesma da atividade administrativa, esses motivos não são livres como no campo das relações privadas.
>
> Entre particulares, as razões que decidem da prática do ato jurídico são de ordem intrínseca, não o afetando de modo

algum. No ato administrativo, porém, o motivo tem de ser estritamente legal, assentando sempre no interesse público, pelo que reveste particular importância. O objeto do ato está na modificação, que por meio dele se vise trazer à ordem jurídica. A finalidade é o resultado prático que se procura alcançar pela modificação trazida à ordem jurídica, ou, como a define Bonnard, é "o resultado final a que deve atingir o objeto do ato". [...] A forma é o meio pelo qual se exterioriza a manifestação da vontade. Por ela se corporifica o ato.[17]

Como ressaltado acima, o ato administrativo tem como traço característico sua vinculação à lei, pelo que, no caso do PAF, deverá sempre seguir os motivos, o objeto, a finalidade e a forma previstos no Decreto nº 70.235/1972.

Quanto à sua forma, o art. 2º do referido diploma dispõe: "Art. 2º Os atos e termos processuais, quando a lei não prescrever forma determinada, conterão somente o indispensável à sua finalidade, sem espaço em branco e sem entrelinhas, rasuras ou emendas não ressalvadas".

Finalmente, ainda quanto à forma, veja-se a lição de Marcos Vinícius Neder e Maria Teresa Martínez López:

> De modo geral, os atos, para terem eficácia, devem ser praticados com algumas formalidades, destacando-se:
> – data (para saber quando foi praticado);
> – nome e assinatura (para ficar comprovado quem o praticou);
> – cargo/matrícula (para identificar o agente e verificar se é competente para praticar o ato);
> – uso da língua portuguesa, nos termos do art. 140 do CPC.[18]

---

[17] FAGUNDES, Miguel Seabra. *O controle dos atos administrativos pelo Poder Judiciário.* São Paulo: Saraiva, 1984. p. 21-24.
[18] NEDER, Marcos Vinícius; LÓPEZ, Maria Teresa Martínez. *Processo administrativo fiscal federal comentado.* 3. ed. São Paulo: Dialética, 2010. p. 115.

Observe-se, por último, no que tange à forma dos atos no processo, que, embora as cópias juntadas devam ser autenticadas, como seria intuitivo, tal exigência não se aplica às pessoas jurídicas de direito público, que gozam da presunção de validade de seus atos, pois inseridas no contexto da administração pública. E não apenas por isso; há expressa dispensa no art. 24 da Lei nº 10.522/2002.

## Dos prazos

Quanto aos prazos no âmbito do PAF federal, pode-se, para efeitos didáticos, distingui-los em prazos internos e prazos para as partes. Os prazos internos são aqueles que devem informar a atuação da administração no trâmite do processo, previstos no art. 4º do Decreto nº 70.235/2002 que concede ao servidor responsável o prazo de até oito dias para executar os atos pertinentes e exaurir sua atividade. Aqueles que convivem com a realidade do PAF sabem que, infelizmente, esse prazo não é nem de perto respeitado, o que levou a doutrina a distinguir os prazos previstos no Decreto nº 70.235/1972 em prazos próprios e prazos impróprios. Os prazos impróprios seriam aqueles que não corresponderiam a um prazo absoluto, mas mero parâmetro para a prática do ato, enquanto os próprios seriam prazos cuja inobservância acarretaria uma consequência processual específica, qual seja a desvantagem para aquele que o descumpriu, ou, em alguns casos, a preclusão.

Não se pode olvidar, contudo, a necessidade da observância, por parte da administração, do princípio da eficiência, que é regra jurídica de aplicabilidade imediata.

Feita essa primeira análise, é o art. 5º que informa como será feita a contagem do prazo no PAF. Esse artigo é cópia do art. 210 do Código Tributário Nacional (CTN), e assim é para conferir certa uniformidade no tratamento da matéria, que, em última instância, também é tributária.

Quanto às regras de contagem de prazo, ensinam Marcos Vinícius Neder e Maria Teresa Martínez López:

> Com relação à contagem dos prazos, esta se faz continuadamente, computando-se também os dias feriados. O dia inicial (*dies a quo*) exclui-se da contagem, contando-se, porém, o do vencimento (*dies ad quem*). Portanto, o começo da contagem só se perfaz a partir do dia seguinte. Mas é preciso que esse dia seja útil. [...]
>
> O critério de contagem de prazos previsto exclui a possibilidade de o início (*dies a quo*) e o fim (*dies ad quem*) recaírem em data em que o expediente na repartição fiscal não seja normal. Assim entendido os sábados, domingos, feriados e pontos facultativos, bem como as datas em que, por qualquer circunstância, a repartição não tenha funcionado em seu horário pleno, a exemplo dos casos de greve, paralisação ou decretação de meio expediente. Portanto, processualmente, os atos praticados pela Administração são tidos como praticados de segunda a sexta-feira. Nos casos de intimação em sábado ou domingo, a contagem inicia-se na terça-feira e, nos de intimação efetuada na sexta-feira, inicia-se na segunda-feira. Todavia, iniciada a contagem, ela é contínua, incluindo-se os dias não úteis, com o cuidado de que o dia de término do prazo deva recair em dia de expediente normal.[19]

Cumpre ainda demonstrar que os prazos no PAF, assim como no processo civil, são matéria de ordem pública, e, portanto, sua inobservância pode ser declarada *ex officio*, acarretando a preclusão. Ou seja, a parte que perdeu o prazo perde a possibilidade de dar seguimento ao processo, na forma como desejava.

---

[19] Ibid., p. 128.

Há aqui uma ressalva a ser feita: as normas que estabelecem prazos são restritivas de direito e, como tal, devem ser interpretadas restritivamente. Essa interpretação restritiva surge em razão da natureza da intimação no PAF: via de regra feita por aviso de recebimento do correio (AR). Ao contrário da publicação no *Diário Oficial* no caso do processo judicial, o aviso de recebimento é uma forma mais branda de intimação e, no caso de extravio do AR ou eventual dificuldade em definir a data de seu recebimento, a situação fática deve ser interpretada de forma a restringir direito do contribuinte o mínimo possível.

Ressalva-se, ainda, o disposto no art. 223 do Código de Processo Civil de 2015,[20] que se aplica supletivamente ao PAF.

## Do procedimento

### INÍCIO DO PROCEDIMENTO

O art. 7º do Decreto nº 70.235/1972 define as três hipóteses de início do procedimento de fiscalização:

> Art. 7º. O procedimento fiscal tem início com:
> I - o primeiro ato de ofício, escrito, praticado por servidor competente, cientificado o sujeito passivo da obrigação tributária ou seu preposto;
> II - a apreensão de mercadorias, documentos ou livros;
> III - o começo de despacho aduaneiro de mercadoria importada.

---

[20] CPC/2015: "Art. 223. Decorrido o prazo, extingue-se o direito de praticar ou de emendar o ato processual, independentemente de declaração judicial, ficando assegurado, porém, à parte provar que não o realizou por justa causa. § 1º. Considera-se justa causa o evento alheio à vontade da parte e que a impediu de praticar o ato por si ou por mandatário. § 2º. Verificada a justa causa, o juiz permitirá à parte a prática do ato no prazo que lhe assinar".

§ 1º. O início do procedimento exclui a espontaneidade do sujeito passivo em relação aos atos anteriores e, independentemente de intimação, a dos demais envolvidos nas infrações verificadas.

§ 2º. Para os efeitos do disposto no § 1º, os atos referidos nos incisos I e II valerão pelo prazo de sessenta dias, prorrogável, sucessivamente, por igual período, com qualquer outro ato escrito que indique o prosseguimento dos trabalhos.

Com base no art. 2º do Decreto nº 3.724/2001, a Secretaria da Receita Federal do Brasil disciplinou, através da Portaria RFB nº 3.014, de 29 de junho de 2011, as três espécies de mandado de procedimento fiscal a que se refere o art. 7º do Decreto nº 70.235/1972 acima colacionado: (1) mandado de procedimento fiscal de fiscalização (MPF-F); (2) mandado de procedimento fiscal de diligência (MPF-D); e (3) mandado de procedimento fiscal especial (MPF-E).

Posteriormente, com a alteração da redação do art. 2º do citado Decreto nº 3.724/2001, pelo Decreto nº 8.303/2014, o tal mandado de procedimento fiscal foi substituído pelo termo de distribuição do procedimento fiscal (TDPF), instrumento hoje regulado pela Portaria RFB nº 1.687, de 17 de setembro de 2014.

Assim, hodiernamente, o primeiro ato de ofício a que se refere o inciso I do art. 7º do Decreto nº 70.235/1972 é o termo de distribuição de procedimento fiscal (TDPF-F), emitido pela autoridade competente, na forma prevista no art. 2º da Portaria RFB nº 1.687, de 17 de setembro de 2014.

Tomando como referência o entendimento esposado em julgados do Conselho Administrativo de Recursos Federais (Carf), quando da apreciação de mandados de procedimento fiscal lavrados com vícios sanáveis, pode-se observar que aquele órgão julgador – não obstante haja uma série de requisitos para que tal instrumento se revista de regularidade – não adota uma postura formalista, no sentido de que eventuais máculas não inquinariam o TDPF de nulidade, e, portanto, não podem servir de fundamento para a arguição da invalidade de auto de infração porventura lavrado.[21]

## EFEITOS DO INÍCIO DA FISCALIZAÇÃO

Art. 7º. [...]

§ 1º. O início do procedimento exclui a espontaneidade do sujeito passivo em relação aos atos anteriores e, independentemente de intimação, a dos demais envolvidos nas infrações verificadas.

O CTN, no Livro Segundo (Normas Gerais de Direito Tributário), Capítulo V (Responsabilidade Tributária), dispõe, no art. 138, o seguinte:

Art. 138. A responsabilidade é excluída pela denúncia espontânea da infração, acompanhada, se for o caso, do pagamento do tributo devido e dos juros de mora, ou do depósito da importância arbitrada pela autoridade administrativa quando o montante do tributo dependa de apuração.

Parágrafo único. Não se considera espontânea a denúncia apresentada após o início de qualquer procedimento administrativo ou medida de fiscalização, relacionados com a infração.

---

[21] Nesse sentido: CARF Segunda Seção, Primeira Turma da Terceira Câmara. Acórdão nº 2301-01.373 em 28 de abril de 2010. *DOU*, 25 out. 2011. "CONTRIBUIÇÕES SOCIAIS PREVIDENCIÁRIAS Período de apuração: 01/02/2000 a 31/12/2006 MANDADO DE PROCEDIMENTO FISCAL. VÍCIOS QUE NÃO ACARRETAM A NULIDADE DO LANÇAMENTO. A existência de quaisquer vícios em relação ao Mandado de Procedimento Fiscal (MPF) não gera efeitos quanto à relação jurídica fisco × contribuinte estabelecida com o ato administrativo do lançamento, podendo aqueles ensejar, se for o caso, apuração de responsabilidade administrativa dos envolvidos, mas sem afetar a relação jurídica fisco × contribuinte. Vistos, relatados e discutidos os presentes autos. ACORDAM os membros da 3ª Câmara / 1ª Turma Ordinária da Segunda Seção de Julgamento, por voto de qualidade, em rejeitar a preliminar de nulidade do MPF, nos termos do voto a ser apresentado pelo conselheiro Mauro José Silva. Vencidos o relator e os conselheiros Damião Cordeiro de Moraes e conselheiro Edgar Silva Vidal que votaram pela nulidade. O conselheiro Julio Cesar Vieira Gomes acompanhou a divergência pelas conclusões".

O termo jurídico "denúncia" é conceituado como dar notícia, avisar, relatar quanto aos fatos ou tornar público fato ou direito, ou, ainda, ofensa a direito. Em suma, é dar o conhecimento ao fisco de que o procedimento adotado pelo contribuinte está em desacordo com as normas em vigor. O art. 138 do CTN exige que o contribuinte inadimplente reconheça, espontaneamente, sua situação de irregularidade fiscal, ou seja, aquele que realizar a autodenúncia estará, dependendo do caso, excluído da aplicação da multa.

O ato que determina o início do procedimento fiscal exclui a espontaneidade do contribuinte somente em relação ao tributo, ao período e à matéria nele expressamente inseridos (Parecer Coordenação do Sistema de Tributação – CST – n° 2.716/1984). Afastada a espontaneidade, fica obstada a retificação da declaração de rendimentos por iniciativa do contribuinte (RIR/1999, art. 832),[22] e considerada ineficaz a consulta formulada sobre a matéria alcançada pela fiscalização, segundo dispõe o art. 52, III, do Decreto n° 70.235/1972.

Ressalte-se, ainda, que o art. 47 da Lei n° 9.430/1996 estendeu os efeitos da espontaneidade aos primeiros 20 dias do curso da ação fiscal, permitindo o pagamento dos tributos já alcançados ou declarados sem o acréscimo da multa de ofício, na tentativa de abrandar o rigor do parágrafo único do art. 138 do CTN. O mencionado artigo tem a seguinte redação:

> Art. 47. A pessoa física ou jurídica submetida à ação fiscal por parte da Secretaria da Receita Federal poderá pagar até o vigésimo dia subsequente à data do recebimento do termo de início

---

[22] Decreto n° 3.000, de 26 de março de 1999 (RIR/1999): "Art. 832. A autoridade administrativa poderá autorizar a retificação da declaração de rendimentos, quando comprovado erro nela contido, desde que sem interrupção do pagamento do saldo do imposto e antes de iniciado o processo de lançamento de ofício".

de fiscalização, os tributos e contribuições já declarados, de que for sujeito passivo como contribuinte ou responsável, com os acréscimos legais nos casos de procedimentos espontâneos. (Redação dada pela Lei nº 9.532, de 1997).

Finalmente, o STJ já pacificou questão outrora controvertida, no sentido de ser inaplicável a denúncia espontânea em relação aos tributos lançados por homologação, sempre que o débito tributário houver sido declarado à Fazenda sem a correspondente quitação pelo contribuinte, conforme acórdão proferido em sede de recurso repetitivo e súmulas abaixo elencados:

> TRIBUTÁRIO. TRIBUTO DECLARADO PELO CONTRIBUINTE E PAGO COM ATRASO. DENÚNCIA ESPONTÂNEA. NÃO CARACTERIZAÇÃO. SÚMULA 360/STJ.
> 1. Nos termos da Súmula 360/STJ, "O benefício da denúncia espontânea não se aplica aos tributos sujeitos a lançamento por homologação regularmente declarados, mas pagos a destempo". É que a apresentação de Declaração de Débitos e Créditos Tributários Federais – DCTF, de Guia de Informação e Apuração do ICMS – GIA, ou de outra declaração dessa natureza, prevista em lei, é modo de constituição do crédito tributário, dispensando, para isso, qualquer outra providência por parte do Fisco. Se o crédito foi assim previamente declarado e constituído pelo contribuinte, não se configura denúncia espontânea (art. 138 do CTN) o seu posterior recolhimento fora do prazo estabelecido.
> 2. Recurso especial desprovido. Recurso sujeito ao regime do art. 543-C do CPC e da Resolução STJ 08/08.[23]

---

[23] BRASIL. Superior Tribunal de Justiça. Primeira Seção. REsp nº 962.379/RS. Relator: ministro Teori Albino Zavascki. Julgamento em 22 de outubro de 2008. *DJe*, 28 out. 2008.

STJ. Súmula nº 360
O benefício da denúncia espontânea não se aplica aos tributos sujeitos a lançamento por homologação regularmente declarados, mas pagos a destempo.

STJ. Súmula nº 436
A entrega de declaração pelo contribuinte reconhecendo débito fiscal constitui o crédito tributário, dispensada qualquer outra providência por parte do fisco.

Uma última controvérsia diz respeito à possibilidade de reabertura de período já fiscalizado.

Há aqueles que entendem inviável a reabertura, pois o encerramento do procedimento equivaleria à homologação dos recolhimentos realizados pelo contribuinte. Com entendimento oposto, veja-se Sergio André Rocha:

> Com efeito, o simples encerramento de fiscalização não pode ser comparado a um ato de homologação. Ao encerrar determinado procedimento fiscal o auditor responsável não declara que os recolhimentos feitos pelo contribuinte o foram em conformidade com a legislação, apenas dando por fim o exercício de sua função.[24]

## DO AUTO DE INFRAÇÃO E DA NOTIFICAÇÃO DE LANÇAMENTO

De acordo com o art. 9º do Decreto nº 70.235/1972, auto de infração e notificação de lançamento são os atos administrativos pelos quais a administração pública torna o débito fiscal exigível. O auto de infração decorre de um procedimento de

---

[24] ROCHA, Sergio André. *Processo administrativo fiscal*, 2009, op. cit., p. 306.

fiscalização realizado no contribuinte, enquanto a notificação de lançamento surge da análise das informações prestadas pelo próprio contribuinte. A competência para a lavratura também é distinta: no primeiro caso, é a autoridade fiscal responsável pela fiscalização, enquanto no segundo, a competência é do chefe da repartição fiscal (delegado ou inspetor).

Os arts. 10 e 11 do Decreto nº 70.235/1972 definem os requisitos formais que devem compor tais atos administrativos. Quanto à nulidade decorrente de eventuais vícios, deve-se privilegiar a eficiência, a instrumentalidade das formas e o princípio do prejuízo, pelo que só devem ser anulados autos de infração e notificações de lançamento que tiverem cerceado algum direito de defesa.

Nessa esteira, o Carf considera, por exemplo, válida a intimação entregue pelo correio, no estabelecimento do contribuinte, ainda que recepcionada por pessoa não representante legal da empresa.

## Da impugnação

É a impugnação que, tecnicamente, instaura a fase litigiosa do procedimento, conforme o art. 14 do Decreto nº 70.235/1972. Até a impugnação, há mero procedimento administrativo. A ideia de contencioso administrativo é contestada por grande parte da doutrina, que não o admite. Muitos entendem que o PAF não contrapõe a administração e o contribuinte, pois que tal processo visa à verificação quanto à legalidade dos atos administrativos praticados, o que, em última instância, é igualmente interesse da administração.

Não obstante tal entendimento, deve-se reconhecer certo grau de oponibilidade de interesses.

Assim, o art. 16 do Decreto nº 70.235/1972 estabelece os requisitos da impugnação.

Em seguida, o art. 17 do mesmo diploma informa que há necessidade de impugnação expressa, sob pena de serem consideradas aceitas pelo contribuinte as partes do auto de infração ou notificação de lançamento que não forem expressamente impugnadas. Entretanto, o contribuinte pode, em homenagem ao princípio da verdade material, requerer diligências com a finalidade de comprovar a inexigibilidade do crédito tributário.

## Da competência

O conceito de competência busca-se na doutrina processualista, sendo certo que a competência é o limite para o exercício da jurisdição. Sem perder de vista o fato de ser a jurisdição una, ou seja, insuscetível de divisão.

Os critérios clássicos de divisão de competências implicam atribuir à Constituição Federal o primeiro corte de competência (quando define a competência da Justiça Federal, Trabalhista, Militar, Eleitoral e Estadual). Ocorre que esse critério deve ser relativizado no tema ora estudado, que se encontra limitado ao exercício da atividade administrativa – Poder Executivo – e não do Poder Judiciário.

De muita valia é o critério seguinte, que distingue os elementos objetivos, territoriais e funcionais da competência, que podem ser "importados" para o PAF.

Quanto ao Decreto nº 70.235/1972, sua incidência está restrita aos processos de exigência de crédito tributário e de consulta, cuja competência de julgamento será das delegacias regionais de julgamento e do Carf. Todos os demais processos administrativos são regulados pela Lei nº 9.784/1999, cuja competência para julgamento é das delegacias e inspetorias da Receita Federal em primeira instância e das superintendências regionais em segunda.

Outra diferença em relação à jurisdição típica – Poder Judiciário – concerne à possibilidade de delegação da competência em sede administrativa. O exercício da jurisdição é indelegável, sob pena de ferir corolários básicos do ordenamento, como o juiz natural, e o devido processo legal. Já no Poder Executivo, as delegações e avocações de competência são parte do exercício eficiente e contínuo das atividades – desde que respeitado, sempre, o princípio da legalidade nas suas duas acepções (prevalência da lei e reserva de lei) – e, como atividade administrativa que é, no PAF, é possível a delegação de competência, como estabelecido no Decreto-Lei nº 200/1967, em seu art. 12. Observe-se, ainda, o art. 13 da Lei nº 9.784/1999, que impede a delegação de competência quando se tratar de recurso administrativo.

Não obstante, há quem entenda, com base no art. 11 da Lei nº 9.784/1999, que a possibilidade de delegação de competência é exceção e não regra.

## Do julgamento em primeira instância

O julgamento em primeira instância está definido no Decreto nº 70.235/1972, na MP nº 2.158-35/2001, na Lei nº 8.748/1993 e na Portaria MF nº 341, de 12 de julho de 2011. Esse conjunto de diplomas disciplina a competência, a constituição das turmas de julgamento e seu funcionamento. Torna-se relevante destacar alguns pontos da Portaria MF nº 341, de 12 de julho de 2011:

❑ cada Delegacia da Receita Federal do Brasil de Julgamento (DRJ) é constituída por turmas de julgamento (com cinco a sete julgadores cada);
❑ cada turma terá um presidente nomeado entre os julgadores;
❑ o mandato do julgador é de até 24 meses, com término no dia 31 de dezembro do ano subsequente ao da designação, admitidas reconduções. (Redação dada pela Portaria MF nº 17, de 21 de janeiro de 2016);

- o julgador relator elabora o relatório, o voto e a ementa;
- o prazo para a análise e voto, ou proposta de diligência, é de 60 dias;
- os processos são distribuídos conforme o art. 9º da portaria;
- na sessão de julgamento, deve ser observada a seguinte ordem dos trabalhos: verificação de *quorum*, aprovação da ata da sessão anterior, leitura do relatório, discussão e votação dos processos constantes da pauta. Em seguida, apresentam-se os relatórios, discute-se e são votados os processos constantes na pauta.

Sobre o trâmite do julgamento, veja-se o que ensinam Marcos Vinícius Neder e Maria Teresa Martínez López:

> Anunciado o julgamento de cada processo, o presidente dá a palavra ao relator para leitura do relatório e, em seguida, aos demais membros da turma para debate de assuntos pertinentes ao processo. Encerrado o debate, o presidente toma, sucessivamente, o voto do relator, o dos membros da turma que tiverem vista e o dos demais, e vota por último. Nos processos em que é relator, o presidente vota em primeiro lugar e, em seguida, toma os votos dos demais membros da turma. O presidente pode, por motivo justificado, determinar o adiamento do julgamento ou a retirada de pauta do processo. Não é admitida abstenção. Qualquer membro da turma pode pedir esclarecimento ou vista dos autos, em qualquer fase do julgamento, ainda que iniciada a votação. No caso de deferimento de pedido de vista, o processo é julgado até a primeira sessão da semana subsequente. Vencido o relator, na preliminar ou no mérito, o presidente designa para redigir o voto vencedor um dos membros que o adotar. A proposta de conversão do julgamento em diligência para esclarecer matéria de fato, feita pelo relator ou por outro

membro da turma, e redação da ementa são também objeto de votação pela turma (art. 15).[25]

A separação entre a atividade de fiscalização e de julgamento – ainda que não seja total – tem o claro objetivo de conferir o máximo possível de imparcialidade aos julgadores. Assim esclarece Ormezindo Ribeiro de Paiva:

> A criação destas Delegacias especializadas no julgamento de processos fiscais, dentre outras importantes razões, teve como principal motivação a necessidade e conveniência de separar a competência das autoridades para o exercício das atividades concernentes à fiscalização e lançamento tributários e a de julgamento das questões litigiosas. Esta separação de poder/dever, com efeito, busca potencializar o cumprimento do princípio da imparcialidade que melhor atende aos interesses das partes no processo.[26]

Tamanha é a preocupação, que o art. 18 da Portaria MF nº 341/2011 veda a participação no julgamento: (1) se o julgador participou da ação fiscal e (2) se há interesse de algum parente no litígio. Esse impedimento pode ser declarado de ofício. Aliás, deve.

Finalmente, em face da omissão da possibilidade de sustentação oral no julgamento em primeira instância, discute-se em termos de cerceamento de defesa. Contudo, seguidas decisões de DRJs afastaram a alegação de tal cerceamento, impedindo a

---

[25] NEDER, Marcos Vinícius; LÓPEZ, Maria Teresa Martínez. *Processo administrativo fiscal federal comentado*, 2010, op. cit., p. 270.

[26] PAIVA, Ormezindo Ribeiro de. Delegacias da Receita Federal de Julgamento e evolução das normas do processo administrativo fiscal. In: ROCHA, Valdir de Oliveira (Coord.) *Processo administrativo fiscal*. São Paulo: Dialética, 1999. v. 4, p. 135.

sustentação oral no julgamento em primeira instância. Nesse sentido já decidiu o Carf:

> Assunto: Imposto sobre a Renda de Pessoa Jurídica – IRPJ Ano-calendário: 2004, 2005, 2006. PRELIMINAR DE CERCEAMENTO DE DEFESA. SUSTENTAÇÃO ORAL. DELEGACIAS DA RECEITA FEDERAL DO BRASIL DE JULGAMENTO. Inexiste previsão legal ou regimental para intimação do sujeito passivo, ou de seu representante ou procurador, para realizar sustentação oral perante as Delegacias da Receita Federal do Brasil de Julgamento (DRJ).[27]

Tampouco pode o contribuinte opor embargos de declaração para sanar eventuais inexatidões materiais com efeito suspensivo do prazo para apresentação do recurso voluntário. A possibilidade prevista no art. 21, § 1º, da Portaria MF nº 341/2011 não suspende o prazo supramencionado.

## Do julgamento em segunda instância

### Questões preliminares

Antes da análise do julgamento em segunda instância, dois pontos devem ser esclarecidos: o primeiro diz respeito ao princípio do duplo grau de cognição, e o segundo refere-se ao significado de recurso no PAF.

Quanto ao duplo grau de cognição, tal princípio não pode ser interpretado literalmente quando se tratar de julgamento de competência originária do Carf. A ideia subjacente a esse

---

[27] BRASIL. Conselho Administrativo de Recursos Fiscais (Carf). Primeira Seção. Primeira Câmara. Primeira Turma. Acórdão nº 1101-000.673. Relator: conselheiro Benedicto Celso Benicio Junior. Sessão de 14 de março de 2012. *DOU*, 20 ago. 2013.

princípio é o direito que tem o contribuinte de ver seu pedido examinado "pela instância hierarquicamente superior para conhecimento da matéria, e não como um direito a pelo menos duas instâncias de julgamento independentemente do órgão que conhece da matéria em primeiro lugar".[28]

A palavra recurso no processo administrativo não possui, necessariamente, a mesma acepção do processo civil. Por vezes, coincidem, mas há casos em que o recurso é o ato inaugural do processo administrativo.

## Dos recursos

Tomados os recursos em sua acepção típica, importam-se os requisitos de admissibilidade dos recursos do processo civil. São eles: o cabimento do recurso, a legitimidade do recorrente, interesse em recorrer e a inexistência de fato impeditivo ou extintivo do direito ao recurso – requisitos intrínsecos – e o preparo, a tempestividade, a regularidade formal da petição recursal – requisitos extrínsecos. A falta de qualquer desses impede que o recurso seja examinado.

Quanto aos efeitos, trataremos aqui apenas do efeito suspensivo. No âmbito do PAF, a regra é o efeito suspensivo dos recursos administrativos (tanto a impugnação de primeira instância quanto os recursos de segunda instância), de acordo com o art. 151, III, do CTN. Até a Lei nº 9.784/1999, que impõe como regra a inexistência de efeito suspensivo nos recursos, ressalva a possibilidade de concessão desse efeito se preenchidos os requisitos do parágrafo único de seu art. 61.

São espécies de recursos do PAF o recurso voluntário e o recurso de ofício.

---

[28] ROCHA, Sergio André. *Processo administrativo fiscal*, 2009, op. cit., p. 213.

O primeiro encontra-se definido no art. 33 do Decreto nº 70.235/1972. Ainda quanto ao recurso voluntário, é importante ressaltar que o Carf está adstrito ao pedido recursal. As partes da decisão não recorridas importam em anuência tácita, devendo a autoridade preparadora, se cabível, providenciar a formação de autos apartados para a imediata cobrança da parte não contestada. Excetuam-se desta regra as matérias exclusivamente de direito (porque, no processo administrativo, o contribuinte não precisa de advogado e tampouco precisa ter conhecimento técnico do seu direito), e as de ordem pública, cuja tutela independe da extensão da devolução e não é suscetível de preclusão (pressupostos processuais, decadência, litispendência, coisa julgada, perempção etc.).

Em relação ao prazo, são 30 dias a partir da ciência da decisão. Observe-se que em caso de perda de prazo (intempestividade) o recurso, ainda assim, será encaminhado para a segunda instância, que julgará a perempção. Ou seja, não há um juízo de admissibilidade prévio feito pela DRJ.

Já o recurso de ofício está previsto no art. 34 do mesmo decreto. Ressalte-se que a doutrina qualifica o recurso de ofício como uma parte do ato administrativo complexo, que é aquele que depende de mais de uma vontade para se aperfeiçoar.

## Do Conselho Administrativo de Recursos Fiscais (Carf)

O Carf (continuidade dos conselhos de contribuintes) do Ministério da Fazenda, criado pela Lei nº 11.941/2009, é o responsável pelo julgamento do processo administrativo em segunda instância. Seu regimento interno consta na Portaria MF nº 343, de 9 de junho de 2015 (conforme a redação que lhe foi conferida pela Portaria MF nº 39, de 12 de fevereiro de 2016).

Destaca-se, a seguir, a lição de Marcos Vinícius Neder e Maria Teresa Martínez López acerca das principais alterações ocorridas com a criação desse novo conselho:

As principais características da mudança (criação do CARF) podem ser assim resumidas: (i) unificação dos três Conselhos em um único órgão administrativo; (ii) redução de 17 para 12 Câmaras compostas de turmas ordinárias e turmas especiais, com competência para julgar processos de menor valor; (iii) aumento na quantidade de julgadores em decorrência da divisão da Câmara em Turmas (compostas de seis julgadores); e (iv) possibilidade de instalação de Turmas Especiais nas Regiões Fiscais. Como motivação das mudanças ocorridas aparecem: simplificação administrativa e agilização nas decisões tomadas pelo órgão.[29]

Discute-se doutrinariamente acerca da necessidade de composição paritária do referido conselho (representantes da Fazenda e dos contribuintes) para legitimar suas resoluções. Há quem entenda que tal composição é pressuposto de validade das decisões,[30] enquanto outros focam a questão da legitimidade no devido processo legal, dando pouca importância à composição do conselho.

Do impedimento dos julgadores e da possibilidade de delegação da competência decisória já tratamos no item sobre competência.

Finalmente, sobre a impossibilidade de o Carf decidir com base na inconstitucionalidade de lei, já está assentado que o Conselho de Contribuintes não pode realizar o controle difuso por via indireta das leis. Essa prerrogativa é exclusiva do Judiciário. Não obstante, inovou-se quanto à necessidade de o Carf aplicar decisões oriundas de recursos repetitivos ou com repercussão geral, conforme o art. 62 de seu Regimento Interno:

---

[29] NEDER, Marcos Vinícius; LÓPEZ, Maria Teresa Martínez. *Processo administrativo fiscal federal comentado*, 2010, op. cit., p. 383.
[30] ROCHA, Sergio André. *Processo administrativo fiscal*, 2009, op. cit., p. 333 e segs.

PORTARIA MF nº 343, de 9 de junho de 2015

[...] Art. 62. Fica vedado aos membros das turmas de julgamento do CARF afastar a aplicação ou deixar de observar tratado, acordo internacional, lei ou decreto, sob fundamento de inconstitucionalidade.

§ 1º. O disposto no *caput* não se aplica aos casos de tratado, acordo internacional, lei ou ato normativo:

I - que já tenha sido declarado inconstitucional por decisão definitiva plenária do Supremo Tribunal Federal;

II - que fundamente crédito tributário objeto de:

a) Súmula Vinculante do Supremo Tribunal Federal, nos termos do art. 103-A da Constituição Federal;

b) Decisão definitiva do Supremo Tribunal Federal ou do Superior Tribunal de Justiça, em sede de julgamento realizado nos termos dos arts. 543-B e 543-C da Lei nº 5.869, de 1973, ou dos arts. 1.036 a 1.041 da Lei nº 13.105, de 2015 – Código de Processo Civil, na forma disciplinada pela Administração Tributária;

c) Dispensa legal de constituição ou Ato Declaratório da Procuradoria-Geral da Fazenda Nacional (PGFN) aprovado pelo Ministro de Estado da Fazenda, nos termos dos arts. 18 e 19 da Lei nº 10.522, de 19 de julho de 2002;

d) Parecer do Advogado-Geral da União aprovado pelo Presidente da República, nos termos dos arts. 40 e 41 da Lei Complementar nº 73, de 10 de fevereiro de 1993; e

e) Súmula da Advocacia-Geral da União, nos termos do art. 43 da Lei Complementar nº 73, de 1993.

§ 2º. As decisões definitivas de mérito, proferidas pelo Supremo Tribunal Federal e pelo Superior Tribunal de Justiça em matéria infraconstitucional, na sistemática dos arts. 543-B e 543-C da Lei nº 5.869, de 1973, ou dos arts. 1.036 a 1.041 da Lei nº 13.105, de 2015 – Código de Processo Civil, deverão ser reproduzidas pelos conselheiros no julgamento dos recursos no âmbito do CARF.

Destaca-se que, conforme o art. 64 da Portaria MF nº 343/2015,[31] atualmente, cabem (1) embargos de declaração;[32] (2) recurso especial de divergência;[33] e (3) agravo[34] para questionar as decisões do Carf.

## CÂMARA SUPERIOR DE RECURSOS FISCAIS (CSRF)

A Lei nº 11.941/2009 deu nova redação ao art. 25 do Decreto nº 70.235/1972, que passou a dispor acerca da Câmara Superior de Recursos Fiscais.

> Art. 25. [...]
>
> § 3º. A Câmara Superior de Recursos Fiscais será constituída por turmas, compostas pelos Presidentes e Vice-Presidentes das câmaras.
>
> § 4º. As câmaras poderão ser divididas em turmas.
>
> § 5º. O Ministro de Estado da Fazenda poderá criar, nas seções, turmas especiais, de caráter temporário, com competência para julgamento de processos que envolvam valores reduzidos, que poderão funcionar nas cidades onde estão localizadas as Superintendências Regionais da Receita Federal do Brasil.
>
> § 6º. Vetado.
>
> § 7º. As turmas da Câmara Superior de Recursos Fiscais serão constituídas pelo Presidente do Conselho Administrativo de Recursos Fiscais, pelo Vice-Presidente, pelos Presidentes e pelos Vice-Presidentes das câmaras, respeitada a paridade.
>
> § 8º. A presidência das turmas da Câmara Superior de Recursos Fiscais será exercida pelo Presidente do Conselho Administra-

---

[31] Conforme redação que lhe foi conferida pela Portaria MF nº 152, de 3 de maio de 2016.
[32] Portaria MF nº 343/2015 (arts. 65 a 66).
[33] Ibid. (arts. 67 a 70).
[34] Ibid. (art. 71).

tivo de Recursos Fiscais e a vice-presidência, por conselheiro representante dos contribuintes.

§ 9º. Os cargos de Presidente das Turmas da Câmara Superior de Recursos Fiscais, das câmaras, das suas turmas e das turmas especiais serão ocupados por conselheiros representantes da Fazenda Nacional, que, em caso de empate, terão o voto de qualidade, e os cargos de Vice-Presidente, por representantes dos contribuintes.

§ 10. Os conselheiros serão designados pelo Ministro de Estado da Fazenda para mandato, limitando-se as reconduções, na forma e no prazo estabelecidos no regimento interno.

§ 11. O Ministro de Estado da Fazenda, observado o devido processo legal, decidirá sobre a perda do mandato dos conselheiros que incorrerem em falta grave, definida no regimento interno.

A CSRF tem competência para julgar os recursos especiais de divergência interpostos em face das decisões do Carf, conforme determina a Portaria MF nº 256/2009 em seu art. 9º, bem como uniformizar as "decisões divergentes, em tese, das turmas da CSRF por meio de resolução" e, por proposta do presidente do conselho, "dirimir controvérsias sobre interpretação e alcance das normas processuais aplicáveis no âmbito do Carf", sendo certo que as resoluções da CSRF vincularão as turmas do Carf (art. 10 da Portaria MF nº 256/2009).

A QUESTÃO DO RECURSO HIERÁRQUICO AO MINISTRO DA FAZENDA

Discute-se sobre a possibilidade de interposição de recurso hierárquico ao ministro da Fazenda contra decisões proferidas pelo Carf ou pela CSRF.

Há duas correntes: uma que defende a impossibilidade de interposição de recursos contra decisão proferida pelos órgãos julgadores colegiados paritários e outra que entende legítima tal possibilidade.

A questão reside na compatibilização do recurso hierárquico com o PAF. Recurso hierárquico é "o recurso administrativo mediante o qual se impugna o ato de um órgão subalterno perante o seu superior hierárquico, a fim de obter a respectiva revogação ou substituição".[35]

Assim, pela lógica imediata do PAF – que é espécie do gênero procedimento administrativo –, o recurso hierárquico seria plenamente cabível. Essa é a posição sustentada pela Fazenda Nacional.

Contudo, uma análise sistemática e finalística permite elidir tal entendimento. Partindo-se da premissa de que os órgãos colegiados – Carf e CSRF – procuram decidir de forma técnica, o recurso hierárquico a uma instância política macularia todos os pressupostos do PAF – a imparcialidade decorrente da separação daqueles que lançam dos que julgam e a decisão técnica com vistas à eficiência e ao pleno respeito ao princípio da legalidade etc.

Leciona Alberto Xavier acerca da subordinação do Carf e da CSRF ao ministro da Fazenda:

> [...] trata-se, porém, de uma subordinação meramente organizacional ou burocrática, e não de uma verdadeira subordinação hierárquica. Com efeito, não pode falar-se em "poder hierárquico" do Ministro da Fazenda, pois este não detém, pelo menos no que concerne ao núcleo essencial da competência judicante dos Conselhos de Contribuintes e da Câmara Superior de Recursos Fiscais, os atributos essenciais de tal poder, que são o poder de direção – a faculdade de dar ordens, seja através de comandos individuais e concretos, seja por meio de comandos gerais e

---

[35] AMARAL, Diogo Freitas. *Conceito e natureza do recurso hierárquico*. Coimbra: Almedina, 2005. p. 34.

abstratos (atos administrativos internos, "pararregulamentares", como instruções e circulares) – e o poder de revisão – que consiste na faculdade de o superior revogar ou suspender os atos praticados pelo subalterno, seja por sua iniciativa (avocação) ou em consequência de recurso hierárquico, seja com fundamento em ilegalidade (anulação) ou em inconveniência (revogação).[36]

Portanto, para sustentar o descabimento do recurso hierárquico, a doutrina estabelece a inexistência de relação hierárquica entre o Carf e a CSRF e o ministro da Fazenda, ao menos quanto às atribuições técnicas conferidas àqueles órgãos.

## Da eficácia e execução das decisões

### COISA JULGADA ADMINISTRATIVA

A primeira questão acerca do tema diz respeito à coisa julgada administrativa. A utilização do termo "coisa julgada" na administração pública exige bastante cautela. Com efeito, a coisa julgada só existe no Poder Judiciário, que se distingue dos demais poderes, precipuamente, pelo caráter definitivo de suas decisões.

Contudo, usa-se o termo coisa julgada administrativa para informar "a imutabilidade, para a administração pública, do comando da decisão proferida no âmbito de um processo administrativo, contra a qual não caibam mais recursos".[37] A ideia de coisa julgada administrativa é muito debatida, valendo apresentar o resumo feito por Sergio André Rocha acerca do tema:

---

[36] XAVIER, Alberto. *Princípios do processo administrativo e judicial tributário*. Rio de Janeiro: Forense, 2005a. p. 47.

[37] ROCHA, Sergio André. *Processo administrativo fiscal*, 2009, op. cit., p. 198.

Realmente, o que ocorre nas decisões administrativas finais é, apenas, preclusão administrativa, ou a irretratabilidade do ato perante a própria administração. É sua imodificabilidade na via administrativa, para estabilidade das relações entre as partes. Por isso, não atinge nem afeta situações ou direitos de terceiros, mas permanece imodificável entre a Administração e o administrado destinatário da decisão interna do Poder Público. Essa imodificabilidade não é efeito da coisa julgada administrativa, mas é consequência da preclusão das vias de impugnação interna (recursos administrativos) dos atos decisórios da própria Administração. Exauridos os meios de impugnação administrativa, torna-se irretratável, administrativamente, a última decisão, mas nem por isso deixa de ser atacável por via judicial.[38]

Com efeito, a imutabilidade, para a administração pública, do comando da decisão proferida em processo administrativo não se equipara ao instituto da coisa julgada, sendo derivado, isso sim, da preclusão lógica do seu direito de se manifestar de forma diversa daquela apresentada nos autos do processo administrativo.

Portanto, a coisa julgada administrativa é uma restrição apenas à administração pública, que decorre da própria lógica do processo administrativo. Pois se à administração pública fosse concedida a possibilidade de impugnar decisões, preclusas administrativamente, perante o Judiciário, o PAF perderia todo o sentido.

Tal posição é encampada pelo art. 42 do Decreto nº 70.235/1972, que prevê as hipóteses em que a decisão administrativa será definitiva. Ressalte-se: sempre para a administração; nunca para o contribuinte.

Finalmente, há que se excluir desse âmbito as decisões que ensejam nulidades. Sem dúvida, eventual decisão fulminada pelo

---

[38] Ibid., p. 198-199.

vício de nulidade é inválida, e, como tal, não pode prosperar. Tais decisões, mesmo no processo judicial, podem ser revistas – ação rescisória – tanto mais no processo administrativo, no qual serão tratadas como atos administrativos nulos, passíveis de invalidação pelo superior hierárquico.

Essa hipótese, inclusive, constitui exceção à corrente a qual este trabalho se filia, de que as decisões dos órgãos colegiados não podem ser revistas por recurso hierárquico.

Em síntese, coloca-se o seguinte quadro: a definitividade da decisão, quando favorável ao contribuinte, extingue o crédito tributário, conforme prevê o art. 156, IX, do CTN. Quando desfavorável ao contribuinte, possui como efeitos: (1) a exigibilidade do crédito tributário que estava suspensa; (2) a possibilidade de cobrança do crédito tributário; (3) o prazo prescricional para a propositura da ação de execução, por parte da Fazenda Pública, volta a fluir; (4) inicia-se a contagem do prazo de 60 dias para a Fazenda propor a ação de execução fiscal, caso haja medida cautelar fiscal deferida pelo juiz.

## DA COBRANÇA

Preclusas as vias administrativas, em caso de decisão desfavorável ao contribuinte, nos termos do art. 42 do Decreto nº 70.235/1972, segue-se o procedimento de cobrança do crédito tributário.

Inicialmente, há a chamada cobrança amigável, que é feita antes da inscrição em dívida ativa. Tal cobrança é feita na própria administração, que encaminha o processo ao setor de arrecadação da Secretaria da Receita Federal, para definir o montante da dívida tributária. O prazo dado ao contribuinte é de 30 dias, contados da ciência da instauração do referido procedimento.

Não logrando êxito na cobrança amigável, o débito é inscrito em dívida ativa, que é título executivo criado pela Fazenda Pública para servir como base para a posterior execução fiscal.

Havendo depósito administrativo efetuado pelo contribuinte, converte-se o mesmo em renda da União, evitando a execução fiscal. Eventual ação judicial suspende o referido procedimento, suspendendo também a exigibilidade do crédito tributário até a decisão final no processo judicial.

Quando a decisão preclusa é favorável ao contribuinte, o art. 45 do Decreto nº 70.235/1972 exige a exoneração dos gravames impostos ao contribuinte, independentemente de provocação por parte deste.

## Das nulidades

Quanto às nulidades relacionadas ao Decreto nº 70.235/1972, o art. 59, em seus incisos I e II, define as possibilidades, que ora se vinculam à incompetência do agente, ora ao cerceamento do direito de defesa do impugnante.

A primeira causa de nulidade (incompetência do agente) remete ao estudo da competência no PAF.[39]

Em relação ao cerceamento de defesa, erigido o devido processo legal como garantia individual do contribuinte (e, portanto, cláusula pétrea), não pode o PAF ignorá-lo. Assim, exemplificativamente, acarretam a nulidade da decisão:

> (a) a falta de motivação do auto de infração ou da decisão proferida em instância inferior, para o que se exige a explicitação clara das razões de fato e de direito que levaram à prática de determinado ato pela Administração Fazendária; (b) a falta de intimação do contribuinte acerca de ato processual sobre o qual deveria manifestar-se; (c) a injustificada negativa da Autoridade Julgadora a proceder às diligências e perícias necessárias para a

---

[39] Ver, neste livro, subseção "Da competência" (p. 38).

elucidação da questão; (d) a não apreciação dos argumentos jurídicos sustentados pelo contribuinte em sua impugnação etc.[40]

Por fim, deve-se levar em consideração o princípio da causalidade e do prejuízo, que só admitem seja a nulidade levada à invalidação se estiver o ato diretamente relacionado com a causa de nulidade e se causar prejuízo, conforme os §§ 1º e 3º do art. 59 do Decreto nº 70.235/1972.

## Questões de automonitoramento

1) Após ler este capítulo, você é capaz de resumir o caso gerador do capítulo 4, identificando as partes envolvidas, os problemas atinentes e as soluções cabíveis?
2) Como é contado, via de regra, o prazo no PAF?
3) Quanto à competência, quais são os órgãos aptos a proferir decisões administrativas de acordo com o Decreto nº 70.235/1972? Qual é sua composição?
4) Em que medida o termo recurso se aproxima ou se distancia de sua acepção no direito processual civil? Quais são as espécies de recursos previstas no Decreto nº 70.235/1972?
5) Quais são as diferentes posições acerca da possibilidade do recurso hierárquico no PAF?
6) O que é a "coisa julgada administrativa"? Quais são as controvérsias acerca do tema?
7) Quais as diferenças entre um processo de consulta e o mero exercício do direito de petição?
8) Quais as causas que ensejam a nulidade do PAF?
9) Pense e descreva, mentalmente, alternativas para a solução do caso gerador do capítulo 4.

---

[40] ROCHA, Sergio André. *Processo administrativo fiscal*, 2009, op. cit., p. 351.

# 2

# Processo administrativo fiscal (PAF): consulta e compensação

## Roteiro de estudo

No presente capítulo, serão abordados alguns dos aspectos mais relevantes de alguns dos procedimentos administrativos iniciados pelo contribuinte, quais sejam: (1) processo de consulta; (2) restituição; (3) compensação; (4) parcelamento; (5) denúncia espontânea.

## Processo de consulta

A consulta fiscal está inserida no rol de procedimentos administrativos de iniciativa do sujeito passivo e tem por escopo facultar ao contribuinte indagar a administração pública sobre seu posicionamento a respeito da aplicação da legislação tributária em face de um determinado fato concreto. A consulta está amparada, em última análise, no direito de petição[41] previsto na CRFB/1988 (art. 5º, XXXIV, "a").

---

[41] Parte da doutrina pondera que fundamentar a consulta fiscal exclusivamente no direito constitucional de petição seria demasiado simplista, tendo em vista que, "na consulta, porém, o direito amparado é mais abrangente, na medida em que a parte tem direito

Entretanto, não se trata de mero pedido de informações. A distinção entre um mero esclarecimento e o processo de consulta ficou assim definida por Marcos Vinicius Neder e Maria Teresa Martínez López:

> [...] a mera informação e a resposta à consulta tributária se distinguem em alguns aspectos:
> – as informações são solicitadas pelos administrados em geral, já a consulta tributária é requerida por quem a lei preveja (sujeito passivo de obrigação tributária, entidades de classe e órgãos centrais da Administração);
> – a autoridade administrativa competente para solucionar consultas sobre a aplicação da legislação tributária é apenas aquela definida em lei, enquanto que o órgão encarregado de responder os pedidos de informações em geral é definido por critérios da Administração; e
> – as informações destinam-se a orientar os administrados que exerceram seu direito de petição, mas não têm o poder de vincular o órgão a aplicar os critérios refletidos na resposta, enquanto, na consulta corretamente formulada, deve respeitar a orientação dada ao contribuinte, só havendo possibilidade de alteração para o futuro. A nova orientação atinge, apenas,

à solução da dúvida consultada. [...] haverá a certeza de resposta pela Administração sobre o direito material duvidoso, o que não sucede no direito de petição, pois este se limita a garantir os meios de acesso à resposta a ser dada pelo Poder Público. No fundo, tanto um [direito de petição] quanto outro fundamento constitucional [direito à informação] dá amparo à consulta [...] o direito de petição se destina à defesa de direitos ou contra ilegalidades ou abuso de poder. Assim, o peticionário deverá alegar a ocorrência de uma dessas circunstâncias sobre sua esfera de direitos. Quanto à consulta, a pretensão do consulente é simplesmente obter informação segura de como deve aplicar a legislação tributária sobre determinado fato. Não existe, na hipótese da consulta, ofensa a direitos que devam ser protegidos, inclusive por ilegalidade ou abuso de poder. A falta de resposta à consulta é que poderia dar ensejo ao direito de petição para obrigar a Administração a respondê-la" (NUNES, Cleucio Santos. *Curso de direito processual tributário*. São Paulo: Dialética, 2010. p. 217-218).

os fatos que ocorrerem após a sua divulgação, mesmo que a resposta inicial tenha dispensado, equivocadamente, o pagamento de tributos.[42]

Cabe à legislação de cada ente dispor sobre o processo de consulta. No âmbito federal, que didaticamente fornece uma visão ampla da consulta fiscal, sendo inclusive utilizado como parâmetro, o procedimento está espraiado, principalmente, no Decreto nº 70.235/1972, que dispõe sobre o processo administrativo fiscal (PAF) federal, e na Lei nº 9.430/1996, tendo sido consolidado no Decreto nº 7.574/2011, em seus arts. 88 a 102.

Cabe citar, ainda, a regência da consulta fiscal pela Instrução Normativa (IN) da Receita Federal do Brasil (RFB) nº 1.396/2013, que veio substituir a IN RFB nº 740/2007 no que tange aos processos de consulta relativos à interpretação da legislação tributária e aduaneira e à classificação de serviços, intangíveis e outras operações que produzam variações no patrimônio. Remanesce, entretanto, a cargo da IN RFB nº 740/2007, a regulamentação dos processos de consulta sobre classificação de mercadorias.

Com base nesses dispositivos, tem-se que, no âmbito federal, são legitimados para formular consulta sobre a aplicação da legislação tributária e aduaneira em relação a fato determinado, bem como sobre classificação fiscal de mercadorias, (1) o sujeito passivo[43] da obrigação tributária principal ou acessória, (2) os órgãos da administração pública e (3) as entidades represen-

---

[42] NEDER, Marcos Vinicius; LÓPEZ, Maria Teresa Martínez. *Processo administrativo fiscal federal comentado.* 3. ed. São Paulo: Dialética, 2010. p. 516.
[43] Ressalte-se que, nos termos do art. 2º, § 1º, da IN RFB nº 1.396/2013, "no caso de pessoa jurídica, a consulta será formulada pelo estabelecimento matriz". Essa regra constitui medida de segurança jurídica, ao passo que poderia haver divergência de entendimentos entre os órgãos responsáveis por solucionar a consulta em cada um dos domicílios tributários das pessoas jurídicas vinculadas.

tativas de categorias econômicas ou profissionais, nesse caso, surtindo efeitos a todos os seus associados ou filiados[44] (cf. art. 88 do Decreto nº 7.574/2011 e art. 2º da IN RFB nº 1.396/2013). A consulta será formulada por escrito, podendo ser realizada por meio eletrônico, através do Portal e-CAC (art. 3º, § 1º, I, da IN RFB nº 1.396/2013). A consulta (1) eficaz[45] e (2) formulada antes do vencimento do tributo suspende o prazo para seu pagamento e impede a incidência dos encargos moratórios[46] desde seu protocolo até o 30º dia subsequente à data da

---

[44] A esse respeito: "Os efeitos da consulta, apresentada por entidade representativa de categoria econômica ou profissional, só atinge seus associados ou filiados. Ausente a prova de filiação ou associação, não há como estender sua aplicação. Ademais, ainda que se comprove a associação ou filiação, tal decisão só surtirá efeitos após a ciência da decisão aos filiados ou associados" (BRASIL. Conselho Administrativo de Recursos Fiscais (Carf). Terceira Seção. Primeira Câmara. Segunda Turma Ordinária. Acórdão nº 3102-000.889. Sessão de 3 de fevereiro de 2011). *DOU*, 16 fev. 2013. "[…] 2. O Sindicato ou entidade representativa de categoria econômica ou profissional, em razão do que dispõe o art. 8º, III, da Constituição Federal, tem legitimidade para formular consulta de interesse da classe a que representa ao Fisco, todavia consulta de natureza geral, que não diga respeito a interesse específico de um determinado contribuinte, não tem, *ex vi* do disposto no § 2º do art. 161 do CTN, o condão de suspender a exigibilidade do crédito tributário e consequentemente afastar os consectários da mora e muito menos impedir que a Administração Pública possa proceder à autuação do contribuinte em virtude da inobservância das normas tributárias. 3. A exclusão da multa e dos juros de mora, em razão do não recolhimento tempestivo do tributo a que se refere o art. 161, § 2º do CTN, pressupõe consulta fiscal formulada pelo próprio devedor ou responsável antes de esgotado o prazo legal para pagamento do crédito" (BRASIL. Superior Tribunal de Justiça. Segunda Turma. REsp nº 555.608/MG. Relator: ministro João Otávio de Noronha. Julgamento em 5 de outubro de 2004). *DJ*, 16 nov. 2004).
[45] Quanto à eficácia da consulta, destaque-se o art. 94 do Decreto nº 7.574/2011: "Art. 94. Não produzirá qualquer efeito a consulta formulada: I - em desacordo com o disposto nos arts. 88 e 91; II - por quem tiver sido intimado a cumprir obrigação relativa ao fato objeto da consulta; III - por quem estiver sob procedimento fiscal iniciado para apurar fatos que se relacionem com a matéria consultada; IV - quando o fato já houver sido objeto de decisão anterior, ainda não modificada, proferida em consulta ou litígio em que tenha sido parte o consulente; V - quando o fato estiver disciplinado em ato normativo, publicado antes de sua apresentação; VI - quando o fato estiver definido ou declarado em disposição literal de lei; VII - quando o fato for definido como crime ou contravenção penal; e VIII - quando não descrever, completa ou exatamente, a hipótese a que se referir, ou não contiver os elementos necessários à sua solução, salvo se a inexatidão ou omissão for escusável, a critério da autoridade julgadora".
[46] A consulta, porém, não suspende o prazo para (1) recolhimento de tributo retido na fonte ou autolançado, antes ou depois da data de apresentação; e (2) para a apresentação de declaração de rendimentos.

ciência da solução. Até que transcorra esse prazo, nenhum procedimento fiscal relativo ao objeto da consulta será instaurado contra o contribuinte/consulente (arts. 89 e 90 do Decreto nº 7.574/2011).

A respeito da impossibilidade de exigir as penalidades decorrentes da mora enquanto estiver em curso o processo de consulta, vale transcrever o seguinte trecho do voto condutor proferido pela ministra Eliana Calmon no julgamento do REsp nº 965.271/RJ:

> Ademais, respondida a consulta – no caso, como informa o próprio recorrente à fl. 326 a consulta foi indeferida de plano, o crédito tributário torna-se exigível desde a data da constituição. A exigibilidade do crédito compreende os seus acessórios que não se revestem de penalidades – juros e correção monetária. Nesse sentido é o art. 161, § 2º, do CTN, que estabelece a suspensão da exigibilidade do crédito enquanto pendente o processo de consulta e no prazo do pagamento do tributo.
>
> É óbvio que não se pode exigir penalidade do sujeito passivo que esperava uma resposta da Administração tributária para se comportar adequadamente. É nesse sentido que dispõe o parágrafo único do art. 100 do CTN.[47]

Ainda com relação a esse ponto, cabe distinguir, como faz a doutrina, os efeitos preliminares e finais da consulta fiscal. A esse respeito, leciona Cleucio Santos Nunes:

> Essa distinção sustenta que os efeitos preliminares ocorrem tão logo a consulta é formulada, de sorte que a matéria consultada

---

[47] BRASIL. Superior Tribunal de Justiça. Segunda Turma. REsp nº 965.271/RJ. Relatora: ministra Eliana Calmon. Julgamento em 18 de agosto de 2009. *DJe*, 3 set. 2009.

não poderá ser objeto de autuações por parte do Fisco sob o argumento de descumprimento da obrigação tributária. Os efeitos finais, por sua vez, servem de consolidação dos efeitos preliminares. Assim, resolvida a consulta, a situação indagada adquire segurança jurídica, não podendo a Administração autuar o sujeito passivo sobre o não cumprimento de obrigações decorrentes da matéria consultada, salvo alteração de entendimento por parte da Administração. Nesse caso a nova orientação terá validade somente para as situações posteriores ao resultado da consulta, sendo lícita a retroação do novo entendimento se este for mais favorável ao contribuinte (IN/RFB nº 740/2007, artigo 14, parágrafos 6º e 7º).[48]

Sendo assim, têm-se como efeitos preliminares da consulta a suspensão do tributo objeto de questionamento e a impossibilidade de a administração pública empreender procedimento fiscal tendente a exigi-lo; com a solução da consulta, o contribuinte/consulente terá a segurança jurídica de ver mantida aquela orientação (efeito final), nada lhe sendo exigido senão juros de mora e correção monetária sobre eventual montante a recolher do tributo.

A extensão dessa certeza, contudo, é limitada à pessoa do contribuinte, uma vez que a solução de consulta não gera vínculo entre a administração e terceiros. Hugo de Brito Machado, nesse particular, esclarece que

> a resposta tem efeito vinculante para o consulente. Em relação ao consulente, a resposta opera como ato administrativo em concreto. Afirma a existência, ou o modo de ser, de uma relação jurídica tributária, e afirma a pretensão do Fisco de haver o que em função daquela relação lhe é devido.

---

[48] NUNES, Cleucio Santos. *Curso de direito processual tributário*, 2010, op. cit.

O fato de haver sido a resposta aprovada, passando a ter efeito genérico, não lhe retira o efeito de ato administrativo em concreto, relativamente ao consulente.[49]

Os efeitos da solução de consulta apenas se mantêm enquanto inalterado o regime jurídico em que os fatos foram apreciados. Eventual alteração legislativa demanda a imediata adequação do contribuinte, que não mais se poderá valer daquele posicionamento da administração. Nesse sentido se manifestou o Conselho Administrativo de Recursos Fiscais (Carf):

> Outros Tributos ou Contribuições. Período de apuração: 01/01/2005 a 31/12/2005. EFEITOS DA CONSULTA. MUDANÇA DO REGIME JURÍDICO. A consulta formulada à administração tributária somente surte efeitos enquanto inalterado o regime jurídico a que se referiu. Alterada a legislação tributária, deve o consulente interpretar o novo comando legal e aplicá-lo adequadamente ao seu caso. [...] Recurso Voluntário Provido em Parte.[50]

Também devem ser observados os efeitos de alterações no entendimento da administração fazendária com relação ao fato concreto objeto de análise. De acordo com o art. 100[51] do

---

[49] MACHADO, Hugo de Brito. *Mandado de segurança em matéria tributária*. 7. ed. São Paulo: Dialética, 2009. p. 281.

[50] BRASIL. Conselho Administrativo de Recursos Fiscais (Carf). Segunda Seção. Terceira Câmara. Primeira Turma Ordinária. Acórdão nº 2.301-003.374. Sessão de 12 de março de 2013. *DOU*, 29 maio 2013.

[51] Decreto nº 7.574/2011: "Art. 100. Se, após a resposta à consulta, a administração alterar o entendimento expresso na respectiva solução, a nova orientação atingirá apenas os fatos geradores que ocorrerem após ser dada ciência ao consulente ou após a sua publicação na imprensa oficial (Lei nº 9.430, de 1996, art. 48, § 12). Parágrafo único. Na hipótese de alteração de entendimento expresso em solução de consulta, a nova orientação alcança apenas os fatos geradores que ocorrerem após a sua publicação na Imprensa Oficial ou após a ciência do consulente, exceto se a nova orientação lhe for

Decreto nº 7.574/2011, aplicado na jurisprudência do Carf, o novo entendimento somente alcançará os fatos geradores posteriores, retroagindo apenas na hipótese de serem mais benéficos ao contribuinte:

> Processo Administrativo Fiscal. Data do fato gerador: 24/11/1997. SOLUÇÃO DE CONSULTA. ALTERAÇÃO DE ENTENDIMENTO ANTERIOR. EFEITOS. A alteração de entendimento expresso em Solução de Consulta alcançará apenas os fatos geradores que ocorreram após a sua publicação ou após a ciência do consulente, exceto se a nova orientação lhe for mais favorável, caso em que esta atingirá, também, o período abrangido pela solução anteriormente dada. Constatado que o fato gerador objeto do pedido de restituição ou compensação ocorreu anteriormente à Solução de Consulta tornada insubsistente e superada por uma nova orientação, que, por sua vez, não acarreta em tratamento mais favorável, incabível será a aplicação do princípio da retroatividade mais benigna. Recurso Especial do Procurador Provido.[52]

O teor do art. 95 do Decreto nº 7.574/2011 (com equivalente no art. 48 da Lei nº 9.430/1996), os processos administrativos de consulta serão solucionados em instância única. Cabe recurso especial, sem efeito suspensivo, junto à unidade indicada no inciso I do art. 92, nos casos em que se verificar a ocorrência de conclusões divergentes entre soluções de consulta relativas a idêntica matéria, fundada em idêntica norma jurídica.

---

mais favorável, caso em que esta atingirá, também, o período abrangido pela solução anteriormente dada".

[52] BRASIL. Conselho Administrativo de Recursos Fiscais (Carf). Primeira Câmara. Segunda Turma Ordinária. Acórdão nº 9303-002.362. Sessão de 13 de agosto de 2013. *DOU*, 13 dez. 2013.

O contribuinte poderá, ainda, formular processo de consulta sobre fatos já ocorridos. Entretanto, caso o tributo já esteja vencido antes da consulta, em caso de resposta desfavorável, serão cobrados acréscimos moratórios proporcionais ao atraso.[53]

Por fim, destaque-se que, de acordo com o art. 48 da Lei nº 9.430/1996, não cabe pedido de reconsideração nem recurso da decisão do processo de consulta. Isso só será permitido caso haja divergência de conclusões entre soluções de consulta da mesma matéria, fundada em idêntica norma jurídica, conforme disciplinado pelo art. 19 da IN RFB nº 1.396/2013, in verbis:

> Art. 19. Havendo divergência de conclusões entre Soluções de Consulta relativas à mesma matéria, fundadas em idêntica norma jurídica, caberá recurso especial, sem efeito suspensivo, para a Cosit.
> § 1º. Se a divergência de que trata o caput se verificar entre Soluções de Consulta proferidas pela Cosit, a decisão será por esta revista, aplicando-se, nesse caso, o disposto no art. 17.
> § 2º. O recurso de que trata este artigo pode ser interposto pelo destinatário da solução divergente, no prazo de 30 (trinta) dias contado da ciência da solução que gerou a divergência, cabendo-lhe comprovar a existência das soluções divergentes sobre idênticas situações, mediante a juntada dessas soluções publicadas.
> § 3º. Sem prejuízo do disposto no art. 9º, o sujeito passivo que tiver conhecimento de solução divergente daquela que esteja observando, em decorrência de resposta a consulta anteriormente formulada sobre idêntica matéria, poderá adotar o procedimento previsto no caput, no prazo de 30 (trinta) dias contado da respectiva publicação.

---

[53] NEDER, Marcos Vinicius; LÓPEZ, Maria Teresa Martínez. *Processo administrativo fiscal federal comentado*, 2010, op. cit., p. 529.

§ 4º. Da Solução de Divergência será dada ciência imediata ao destinatário da Solução de Consulta reformada, aplicando-se seus efeitos a partir da data da ciência, observado, conforme o caso, o disposto no art. 17.

A mencionada instrução normativa instituiu, ainda, a figura da solução de consulta vinculada, "assim entendida como a que reproduz o entendimento constante de Solução de Consulta Cosit ou de Solução de Divergência" (art. 22 da IN RFB nº 1.396/2013), que será proferida pelas Divisões de Tributação das Superintendências Regionais da Receita Federal do Brasil (Disit) ou pelas coordenações de área da Cosit. Assim, as consultas com objeto idêntico ao de solução de consulta Cosit ou solução de divergência serão solucionadas por meio de solução de consulta vinculada.

A solução de consulta vinculada, porém, a teor do art. 32 da IN RFB nº 1.396/2013, apenas será aplicada com relação às soluções de consulta Cosit e às soluções de divergência publicadas a partir da entrada em vigor da norma (17 de setembro de 2013).

## Restituição

Por intermédio do processo de restituição, o contribuinte busca administrativamente a devolução de valores de tributo que tenha pagado indevidamente, a maior ou erroneamente, ou que lhe são devidos pela Fazenda Pública em virtude de êxito na reversão de decisão condenatória. A razão de ser do instituto é impedir o enriquecimento sem causa do poder público, estando, portanto, vinculado ao ideário de moralidade.[54]

A disciplina do processo de restituição encontra suas balizas no Código Tributário Nacional (CTN), cabendo transcrever seu art. 165, que assim dispõe:

---

[54] NUNES, Cleucio Santos. *Curso de direito processual tributário*, 2010, op. cit., p. 240.

Art. 165. O sujeito passivo tem direito, independentemente de prévio protesto, à restituição total ou parcial do tributo, seja qual for a modalidade do seu pagamento, ressalvado o disposto no § 4º do artigo 162, nos seguintes casos:

I - cobrança ou pagamento espontâneo de tributo indevido ou maior que o devido em face da legislação tributária aplicável, ou da natureza ou circunstâncias materiais do fato gerador efetivamente ocorrido;

II - erro na edificação do sujeito passivo, na determinação da alíquota aplicável, no cálculo do montante do débito ou na elaboração ou conferência de qualquer documento relativo ao pagamento;

III - reforma, anulação, revogação ou rescisão de decisão condenatória.

Idêntica é a redação do art. 2º da IN RFB nº 1.300/2012, que atualmente disciplina o procedimento em pauta no âmbito da administração federal. Nesse regramento, o pedido de restituição é efetuado mediante requerimento do sujeito passivo ou da pessoa autorizada a receber a quantia, mediante utilização do programa "Pedido de Restituição, Ressarcimento ou Reembolso e Declaração de Compensação" (PER/DCOMP), sendo também possível a formalização do pedido através de formulário em papel.

Tal como na hipótese de consulta fiscal, no âmbito das unidades federativas, também o processo de restituição possui disciplina própria, em decorrência da autonomia das unidades federativas. No estado do Rio de Janeiro, por exemplo, o rito obedece ao disposto no Decreto-Lei nº 5/1975, arts. 183 a 186, e no Decreto nº 2.473/1979, havendo previsão específica para a restituição dos valores deferidos mediante lançamento a crédito na escrita fiscal ou em espécie, podendo, nessa hipótese, ser parcelado, conforme convenha à administração.

Muito já se debateu acerca dos requisitos para a restituição de tributos que, por sua natureza, comportem a transferência do respectivo encargo financeiro,[55] tendo em vista que o CTN instituiu uma sistemática própria para a restituição desse tipo de tributos em seu art. 166, segundo o qual:[56]

> Art. 166. A restituição de tributos que comportem, por sua natureza, transferência do respectivo encargo financeiro somente será feita a quem prove haver assumido o referido encargo, ou, no caso de tê-lo transferido a terceiro, estar por este expressamente autorizado a recebê-la.

O dispositivo em questão faz referência aos tributos ditos "indiretos", assim entendidos aqueles cujo ônus financeiro da tributação é suportado, ao final, por terceiro que não o contribuinte de direito indicado pela legislação.[57] O dispositivo traz para o campo tributário a figura do contribuinte de fato, pessoa estranha à relação obrigacional tributária, mas que, no polo final da incidência tributária, é quem arca com o custo do tributo.

Estabelece o CTN – em que pese, a bem da verdade, o fato de todos os tributos, diretos ou indiretos, exigidos de agentes econômicos (industriais, comerciantes etc.) findarem por ser repassados para os consumidores finais – que os contribuintes que, embora indicados pela legislação como sujeitos passivos da obrigação tributária, não arquem diretamente com o ônus tributário, repassando-o na composição dos preços dos bens

---

[55] A questão da legitimidade ativa para a repetição de tributos indiretos também é objeto do capítulo 3, no qual se analisará a ação de repetição de indébito.
[56] Ressalte-se que essa previsão encontra correspondência nas diversas legislações a respeito da matéria, cabendo citar os arts. 8º da IN RFB nº 1.300/2012 e 184 do Decreto-Lei do Estado do Rio de Janeiro nº 5/1975.
[57] São exemplos usuais o ICMS e o IPI, tributos incidentes sobre o consumo, além do ISS em determinadas hipóteses.

ou serviços que comercializa, não gozam de legitimidade para reclamar sua restituição.

A aplicação desse dispositivo é tranquila no STJ, cabendo citar o seguinte precedente:

> TRIBUTÁRIO. REPETIÇÃO DE INDÉBITO. IPI. TRIBUTO INDIRETO. ART. 166 DO CTN. PROVA DO NÃO REPASSE DO ENCARGO. NECESSIDADE.
> 1. Trata-se de ação declaratória proposta com o objetivo de reconhecer o direito de excluir da base de cálculo do IPI os valores referentes a frete e seguro, com a consequente repetição dos valores indevidamente pagos. O Tribunal de origem entendeu pelo reconhecimento do direito da agravante, porém condicionou a repetição de indébito pela contribuinte de direito, ao cumprimento dos requisitos descritos no art. 166 do CTN, o qual, na espécie, não foram comprovados [sic].
> 2. Segundo jurisprudência assente nesta Corte, em se tratando de tributo indireto, como é o caso do IPI e do ICMS, é necessário que o contribuinte de direito comprove que suportou o encargo financeiro ou, no caso de tê-lo transferido a terceiro, estar por este expressamente autorizado a pleitear a repetição do indébito. Portanto, não há como afastar a incidência o art. 166 do CTN à espécie. Precedentes.
> 3. Agravo regimental não provido.[58]

Por outro lado, no que respeita à legitimidade para o contribuinte de fato pleitear a repetição do tributo nessa hipótese, a jurisprudência se consolidou (embora ainda vacilante[59]) no

---
[58] BRASIL. Superior Tribunal de Justiça. Segunda Turma. AgRg no AgRg no REsp nº 752.367/SC. Relator: ministro Mauro Campbell Marques. Julgamento em 6 de outubro de 2009. DJe, 15 out. 2009.
[59] Destaque-se, porém, que esse entendimento ainda não está sedimentado, tendo o próprio STJ já decidido em sentido contrário em casos em que contribuintes de fato

sentido de não ser possível tal pretensão, pois, apesar de o contribuinte de fato arcar com o ônus tributário, não integra a relação obrigacional tributária, como se verifica do precedente abaixo, julgado como recurso repetitivo no STJ:

1. O "contribuinte de fato" (*in casu*, distribuidora de bebida) não detém legitimidade ativa *ad causam* para pleitear a restituição do indébito relativo ao IPI incidente sobre os descontos incondicionais, recolhido pelo "contribuinte de direito" (fabricante de bebida), por não integrar a relação jurídica tributária pertinente. 2. O Código Tributário Nacional, na seção atinente ao pagamento indevido, preceitua que:

"Art. 165. *O sujeito passivo tem direito*, independentemente de prévio protesto, *à restituição total ou parcial do tributo, seja qual for a modalidade do seu pagamento*, ressalvado o disposto no § 4º do artigo 162, *nos seguintes casos*:

I - *cobrança ou pagamento espontâneo de tributo indevido* ou maior que o devido em face da legislação tributária aplicável,

---

pleiteavam a restituição de valores de ICMS/energia elétrica: "Diante do que dispõe a legislação que disciplina as concessões de serviço público e da peculiar relação envolvendo o Estado-concedente, a concessionária e o consumidor, esse último tem legitimidade para propor ação declaratória c/c repetição de indébito na qual se busca afastar, no tocante ao fornecimento de energia elétrica, a incidência do ICMS sobre a demanda contratada e não utilizada" (BRASIL. Superior Tribunal de Justiça. Primeira Seção. REsp nº 1.299.303/SC. Relator: ministro Cesar Asfor Rocha. Julgamento em 8 de agosto de 2012. *DJe*, 14 ago. 2012). Em que pese esse entendimento estar calcado nas especificidades da contratação de energia elétrica ("*O acórdão proferido no REsp 903.394/ AL (repetitivo), da Primeira Seção, Ministro Luiz Fux, DJe de 26.4.2010, dizendo respeito a distribuidores de bebidas, não se aplica aos casos de fornecimento de energia elétrica*"), há acórdãos recentes afirmando que a jurisprudência quanto à matéria teria sido revista ("*A Primeira Seção desta Corte, ao apreciar o REsp 1.299.303/SC, relatado pelo Min. Cesar Asfor Rocha e submetido ao rito do art. 543-C do CPC, reviu a jurisprudência até então sedimentada a respeito da legitimidade do contribuinte de fato para reaver o indébito. O novel entendimento desta Corte é o de que o consumidor do serviço prestado, apesar de ostentar a condição de contribuinte de fato, detém legitimidade ad causam ativa para reaver o indébito de ICMS*") (BRASIL. Superior Tribunal de Justiça. Segunda Turma. AgRg no AREsp nº 110.171/BA. Relator: ministro Humberto Martins. Julgamento em 21 de março de 2013. *DJe*, 2 abr. 2013, grifos no original).

ou da natureza ou circunstâncias materiais do fato gerador efetivamente ocorrido;

II - erro na edificação do sujeito passivo, na determinação da alíquota aplicável, no cálculo do montante do débito ou na elaboração ou conferência de qualquer documento relativo ao pagamento;

III - reforma, anulação, revogação ou rescisão de decisão condenatória.

Art. 166. *A restituição de tributos que comportem, por sua natureza, transferência do respectivo encargo financeiro somente será feita a quem prove haver assumido o referido encargo, ou, no caso de tê-lo transferido a terceiro, estar por este expressamente autorizado a recebê-la.*"

3. Consequentemente é certo que o recolhimento indevido de tributo implica na obrigação do Fisco de devolução do indébito ao contribuinte detentor do direito subjetivo de exigi-lo.

4. Em se tratando dos denominados "tributos indiretos" (aqueles que comportam, por sua natureza, transferência do respectivo encargo financeiro), a norma tributária (artigo 166, do CTN) impõe que a restituição do indébito somente se faça ao contribuinte que comprovar haver arcado com o referido encargo ou, caso contrário, que tenha sido autorizado expressamente pelo terceiro a quem o ônus foi transferido.

5. A exegese do referido dispositivo indica que:

"...o art. 166, do CTN, embora contido no corpo de um típico veículo introdutório de norma tributária, veicula, nesta parte, norma específica de direito privado, que atribui ao terceiro o direito de retomar do contribuinte tributário, apenas nas hipóteses em que a transferência for autorizada normativamente, as parcelas correspondentes ao tributo indevidamente recolhido:

Trata-se de norma privada autônoma, que não se confunde com a norma construída da interpretação literal do art. 166, do CTN. É desnecessária qualquer autorização do contribuinte de fato ao de direito, ou deste àquele. Por sua própria conta, poderá o contribuinte de fato postular o indébito, desde que já recuperado pelo contribuinte de direito junto ao Fisco. No entanto, note-se que *o contribuinte de fato não poderá acionar diretamente o Estado, por não ter com este nenhuma relação jurídica. Em suma: o direito subjetivo à repetição do indébito pertence exclusivamente ao denominado contribuinte de direito. Porém, uma vez recuperado o indébito por este junto ao Fisco, pode o contribuinte de fato, com base em norma de direito privado, pleitear junto ao contribuinte tributário a restituição daqueles valores.*

*A norma veiculada pelo art. 166 não pode ser aplicada de maneira isolada, há de ser confrontada com todas as regras do sistema, sobretudo com as veiculadas pelos arts. 165, 121 e 123, do CTN. Em nenhuma delas está consignado que o terceiro que arque com o encargo financeiro do tributo possa ser contribuinte. Portanto, só o contribuinte tributário tem direito à repetição do indébito* [...]."

6. Deveras, o condicionamento do exercício do direito subjetivo do contribuinte que pagou tributo indevido (contribuinte de direito) à comprovação de que não procedera à repercussão econômica do tributo ou à apresentação de autorização do "contribuinte de fato" (pessoa que sofreu a incidência econômica do tributo), à luz do disposto no artigo 166, do CTN, não possui o condão de transformar sujeito alheio à relação jurídica tributária em parte legítima na ação de restituição de indébito.
[...]
15. Recurso especial desprovido. Acórdão submetido ao regime do artigo 543-C, do CPC, e da Resolução STJ nº 08/2008.[60]

Dessa feita, o legitimado para requerer a restituição será sempre o contribuinte de direito, que deverá comprovar que

---

[60] BRASIL. Superior Tribunal de Justiça. Primeira Seção. REsp nº 903.394/AL. Relator: ministro Luiz Fux. Julgamento em 24 de março de 2010. *DJe*, 26 abr. 2010, grifos no original.

não promoveu a transferência do encargo fiscal ou que está expressamente autorizado pelo contribuinte de fato a receber a restituição. A este, a teor da jurisprudência do STJ, caberá requerer do contribuinte de direito a devolução das quantias repassadas a maior.

Ainda a respeito da restituição do indébito tributário, convém destacar o conteúdo do art. 167 do CTN, segundo o qual a restituição do tributo compreende também os juros de mora e as penalidades pecuniárias recolhidas indevidamente pelo contribuinte, na proporção do montante restituído. Tal previsão dialoga com a máxima de que o acessório segue o principal.

A exceção que o CTN faz a essa regra – e que se poderia considerar mesmo intuitiva – é com relação às multas referentes a infrações de caráter formal, que não são restituíveis. Tais multas são aplicadas pelo descumprimento de obrigações acessórias e, portanto, apresentam-se autônomas e desvinculadas do principal; daí não se cogitar de sua restituição.

Ainda, o art. 167 do CTN traz, em seu parágrafo único, a regra de que "a restituição vence juros não capitalizáveis, a partir do trânsito em julgado da decisão definitiva que a determinar". Tal previsão tem o intuito de atribuir ao indébito tributário atualização da mesma maneira que seria imposta ao contribuinte na hipótese de inadimplemento perante a administração tributária.

O dispositivo subsequente do CTN, art. 168, versa acerca do prazo que o contribuinte detém para pleitear a restituição dos valores pagos indevidamente. De acordo com o referido dispositivo, tal direito se extingue no prazo de cinco anos, cujo termo inicial corresponde, conforme o caso, à data (1) da extinção do crédito tributário (nas hipóteses dos incisos I e II do art. 165) ou (2) em que se tornar definitiva a decisão administrativa ou passar em julgado a decisão judicial que tenha reformado, anulado, revogado ou rescindido a decisão condenatória (na hipótese do inciso III do art. 165).

Quanto à primeira forma de contagem do prazo para pedido de restituição, muita dúvida se gerou acerca da forma como deveria ser feita na hipótese de tributos sujeitos a lançamento por homologação, especialmente com relação à aplicação da denominada "tese dos cinco mais cinco". Uma tentativa de solucionar essa questão foi realizada com a edição da Lei Complementar nº 118/2005, que estabelecia, em seu art. 3º:

> Art. 3º. Para efeito de interpretação do inciso I do art. 168 da Lei nº 5.172, de 25 de outubro de 1966 – Código Tributário Nacional, a extinção do crédito tributário ocorre, no caso de tributo sujeito a lançamento por homologação, no momento do pagamento antecipado de que trata o § 1º do art. 150 da referida Lei.

Diversos questionamentos quanto à aplicação desse dispositivo foram suscitados, restando a questão solucionada no âmbito do Supremo Tribunal Federal, da seguinte forma:

DIREITO TRIBUTÁRIO – LEI INTERPRETATIVA – APLICAÇÃO RETROATIVA DA LEI COMPLEMENTAR Nº 118/2005 – DESCABIMENTO – VIOLAÇÃO À SEGURANÇA JURÍDICA – NECESSIDADE DE OBSERVÂNCIA DA VACACIO LEGIS – APLICAÇÃO DO PRAZO REDUZIDO PARA REPETIÇÃO OU COMPENSAÇÃO DE INDÉBITOS AOS PROCESSOS AJUIZADOS A PARTIR DE 9 DE JUNHO DE 2005. Quando do advento da LC 118/05, estava consolidada a orientação da Primeira Seção do STJ no sentido de que, para os tributos sujeitos a lançamento por homologação, o prazo para repetição ou compensação de indébito era de 10 anos contados do seu fato gerador, tendo em conta a aplicação combinada dos arts. 150, § 4º, 156, VII, e 168, I, do CTN. A LC 118/05, embora tenha se autoproclamado interpretativa, implicou inovação normativa, tendo reduzido o prazo de 10 anos contados do fato gerador para 5 anos contados do pagamento indevido. Lei supostamente interpretativa que, em verdade, inova no mundo jurídico deve ser considerada como lei nova. Inocorrência de violação à autonomia e independência dos Poderes, porquanto a lei expressamente interpretativa também se submete, como qualquer outra, ao controle judicial quanto à sua natureza, validade e aplicação. A aplicação retroativa de novo e reduzido prazo para a repetição ou compensação de indébito tributário estipulado por lei nova, fulminando, de imediato, pretensões deduzidas tempestivamente à luz do prazo então aplicável, bem como a aplicação imediata às pretensões pendentes de ajuizamento quando da publicação da lei, sem resguardo de nenhuma regra de transição, implicam ofensa ao princípio da segurança jurídica em seus conteúdos de proteção da confiança e de garantia do acesso à Justiça. Afastando-se as aplicações inconstitucionais e resguardando-se, no mais, a eficácia da norma, permite-se a aplicação do prazo reduzido relativamente às ações ajuizadas após a *vacatio legis*, conforme entendimento consolidado por esta Corte no enunciado 445 da Súmula do Tribunal. O prazo de *vacatio legis* de 120 dias permitiu aos contribuintes não apenas que tomassem ciência do novo prazo, mas também que ajuizassem as ações necessárias à tutela dos seus direitos. Inaplicabilidade do art. 2.028 do Código Civil, pois, não havendo lacuna na LC 118/08, que pretendeu a aplicação do novo prazo na maior extensão possível, descabida sua aplicação por analogia. Além disso, não se trata de lei geral, tampouco impede iniciativa legislativa em contrário. Reconhecida a inconstitucionalidade [do] art. 4º, segunda parte, da LC 118/05, considerando-se válida a aplicação do novo prazo de 5 anos tão somente às ações ajuizadas após o decurso da *vacatio legis* de 120 dias, ou seja, a partir de 9 de junho de 2005. Aplicação do art. 543-B, § 3º, do CPC aos recursos sobrestados. Recurso extraordinário desprovido.[61]

Dessa forma, com o advento da Lei Complementar nº 118/2005, ajustada na forma do julgado acima, para a restituição de montantes recolhidos indevidamente de tributos sujeitos a lançamento por homologação,[62] (1) para as ações ajuizadas a partir de 9 de junho de 2005 aplica-se o prazo de cinco anos a partir do pagamento antecipado de que trata o art. 150, § 1º, do CTN; e (2) para as ações ajuizadas anteriormente a essa data subsiste o prazo de 10 anos contados a partir da ocorrência do fato gerador do tributo (tese dos cinco mais cinco – art. 150, § 4º, c/c art. 168, I, do CTN).

## Compensação

"Se duas pessoas forem ao mesmo tempo credor e devedor uma da outra, as duas obrigações extinguem-se, até onde se compensarem". Este conceito geral, extraído do art. 368 do Código Civil (CC), sintetiza bem o instituto aqui analisado.

Pela sistemática da compensação, estando cada uma das partes investidas na condição de credor e devedor, uma da outra, as obrigações recíprocas se compensam, extinguindo-se na exata extensão em que se equivalham. Assim, no âmbito do direito privado, a compensação tem como pressuposto a mera existência de créditos recíprocos entre credor e devedor.

---

[61] BRASIL. Supremo Tribunal Federal. Tribunal Pleno. RE nº 566.621/RS. Relatora: ministra Ellen Gracie. Julgamento em 4 de agosto de 2011. Repercussão Geral – Mérito. *DJe*, 11 out. 2011.

[62] BRASIL. Superior Tribunal de Justiça. Segunda Turma. REsp nº 1143396/PR. Relator: ministro Mauro Campbell Marques. Julgamento em 5 de novembro de 2013. *DJe*, 12 nov. 2013.

No direito tributário, uma vez que se trata de ramo do direito público, a compensação adquire uma maior complexidade, pois nesta relação obrigacional entremeada o ente público assume também a função de devedor. Para a aplicação da compensação na seara tributária, deve-se observar o disposto no art. 170 do CTN, *in litteris*:

> Art. 170. A lei pode, nas condições e sob as garantias que estipular, ou cuja estipulação em cada caso atribuir à autoridade administrativa, autorizar a compensação de créditos tributários com créditos líquidos e certos, vencidos ou vincendos, do sujeito passivo contra a Fazenda Pública.
>
> Parágrafo único. Sendo vincendo o crédito do sujeito passivo, a lei determinará, para os efeitos deste artigo, a apuração do seu montante, não podendo, porém, cominar redução maior que a correspondente ao juro de 1% ao mês pelo tempo a decorrer entre a data da compensação e a do vencimento.

Nota-se que o dispositivo é já inaugurado com a seguinte restrição: "A Lei pode [...] autorizar a compensação". Infere-se daí que a compensação de débitos do contribuinte com créditos que possua em face da Fazenda Pública prescinde de lei específica autorizadora que discipline a forma e condições em que se dará tal procedimento.

Essa restrição foi largamente contestada, principalmente diante do grande volume de precatórios representativos de crédito perante a Fazenda Pública cujo pagamento não era (quadro que permanece em boa parte) honrado em tempo razoável pelos entes, o que fazia com que os contribuintes se lançassem na tentativa de compensá-los no intuito de satisfazer seu crédito.

Ocorre que a compensação como forma de extinção de créditos tributários, em última análise, redunda em redução na arrecadação pelo ente público devedor, o que implica consequências tão mais graves quanto maior for a dívida pública. Alega-se que essa redução na arrecadação tributária pode levar o ente a um quadro de colapso na sua gestão, resultando na impossibilidade de saldar suas despesas correntes e, com isso, criar um ciclo vicioso de aumento progressivo desta dívida. Fala-se, nessa toada, em observância do princípio do orçamento como impeditivo para a redução da arrecadação sem que isso seja objeto de prévio planejamento.

Levando em consideração o que dispõe o CTN, mas também em conta tais especificidades da compensação no âmbito tributário, o STJ tem reiteradamente decidido pela impossibilidade de compensação quando inexistente lei específica que a autorize, como se vê no julgado cuja ementa segue transcrita abaixo:

> TRIBUTÁRIO E PROCESSUAL CIVIL. VIOLAÇÃO DO ART. 535 DO CPC. FUNDAMENTAÇÃO DEFICIENTE. SÚMULA 284/STF. ALEGAÇÃO DE OFENSA À NORMA CONSTITUCIONAL. IMPOSSIBILIDADE. COMPENSAÇÃO. PRECATÓRIO VENCIDO E CRÉDITO DE ICMS. AUSÊNCIA DE LEGISLAÇÃO ESPECÍFICA AUTORIZATIVA.
> [...]
> 3. Nos termos da jurisprudência desta Corte, a ausência de legislação estadual específica autorizativa impede a compensação de precatório vencido e não pago com créditos de ICMS do mesmo Estado, nos termos do art. 170 do Código Tributário Nacional - CTN.
> Precedentes: AgRg no AgRg no AgRg no REsp 1.270.792/RS, Rel. Ministro Napoleão Nunes Maia Filho, Primeira Turma, DJe 2/10/2012, AgRg no Ag 1.352.105/RS, Rel. Ministro Mauro Campbell Marques, Segunda Turma, julgado em 16/12/2010, DJe 8/2/2011.
> 4. Agravo regimental a que se nega provimento.[63]

---

[63] BRASIL. Superior Tribunal de Justiça. Primeira Turma. AgRg no REsp nº 1.034.405/RS. Relator: ministro Sérgio Kukina. Julgamento em 10 de setembro de 2013. DJe, 17 set. 2013.

Não obstante, a compensação é forma de extinção do crédito tributário prevista no art. 156, II, do CTN. Contudo, a extinção do crédito tributário a que se refere esse dispositivo, pela compensação, deve observar os requisitos do art. 170, devendo ter amparo em lei que a autorize e regule. A respeito do instituto da compensação, Luciano Amaro esclarece que:

> Se duas pessoas forem ao mesmo tempo credora e devedora uma da outra, as duas obrigações se extinguem, até onde se compensarem (CC/2002, art. 368). No direito tributário, não obstante sua inegável utilidade, tem aplicação restrita aos casos em que a lei expressamente a preveja, os termos do art. 170 do Código Tributário Nacional. [...]
> A compensação, quando couber, é modo alternativo de satisfação do débito tributário. O sujeito passivo da obrigação tributária tem, pois, a faculdade legal de extingui-la por compensação, nos termos do que for previsto pela lei. Por outro lado, embora o Código diga que a lei pode atribuir à autoridade administrativa competência para autorizar a compensação, é claro que o legislador pode também, na própria lei, já permitir a compensação, independentemente de qualquer ato da autoridade administrativa. Mas não pode, quando conferir à autoridade competência para "autorizar" a compensação, outorgar-lhe poderes discricionários. Ensina Pontes de Miranda que, na compensação, não existe *arbitrium*; por isso, onde couber a compensação, sua alegação produz efeitos *ipso jure*.[64]

Desse modo, havendo a previsão normativa na legislação do ente tributante, possível será ao contribuinte optar pela compen-

---

[64] AMARO, Luciano. *Direito tributário brasileiro*. 9. ed. São Paulo: Saraiva, 2003. p. 376.

sação de seus débitos com eventuais créditos de que disponha, observando as condições e limites previstos na legislação de regência da compensação.

No âmbito federal, a compensação tributária foi regulada inicialmente através do art. 66 da Lei nº 8.383/1991, cuja redação veio a ser modificada pela Lei nº 9.096/1995, que permitia apenas a compensação entre tributos, contribuições e receitas da mesma espécie, *verbis*:

> Art. 66. Nos casos de pagamento indevido ou a maior de tributos, contribuições federais, inclusive previdenciárias, e receitas patrimoniais, mesmo quando resultante de reforma, anulação, revogação ou rescisão de decisão condenatória, o contribuinte poderá efetuar a compensação desse valor no recolhimento de importância correspondente a período subsequente. (Redação dada pela Lei nº 9.069, de 29 de junho de 1995)
>
> § 1º. A compensação só poderá ser efetuada entre tributos, contribuições e receitas da mesma espécie. (Redação dada pela Lei nº 9.069, de 29 de junho de 1995)
>
> § 2º. É facultado ao contribuinte optar pelo pedido de restituição. (Redação dada pela Lei nº 9.069, de 29 de junho de 1995)
>
> § 3º. A compensação ou restituição será efetuada pelo valor do tributo ou contribuição ou receita, corrigido monetariamente com base na variação da UFIR. (Redação dada pela Lei nº 9.069, de 29 de junho de 1995)
>
> § 4º. As Secretarias da Receita Federal e do Patrimônio da União e o Instituto Nacional do Seguro Social - INSS expedirão as instruções necessárias ao cumprimento do disposto neste artigo. (Redação dada pela Lei nº 9.069, de 29 de junho de 1995)

Posteriormente, veio a ser editada a Lei nº 9.250/1996 que, em seu art. 39, esclareceu:

[...] a compensação de que trata o art. 66 da Lei nº 8.383, de 30 de dezembro de 1991, com a redação dada pelo art. 58 da Lei nº 9.069, de 29 de junho de 1995, somente poderá ser efetuada com o recolhimento de importância correspondente a imposto, taxa, contribuição federal ou receitas patrimoniais de mesma espécie e destinação constitucional, apurado em períodos subsequentes.

Alterando significativamente a sistemática da compensação, foi publicada a Lei nº 9.430/1996, que passou a disciplinar a matéria nos seguintes termos:

> Art. 74. Observado o disposto no artigo anterior, a Secretaria da Receita Federal, atendendo a requerimento do contribuinte, poderá autorizar a utilização de créditos a serem a ele restituídos ou ressarcidos para a quitação de quaisquer tributos e contribuições sob sua administração.

Segundo a lição de James Marins, esse artigo inovou ao atribuir à administração, desde que a requerimento do contribuinte, a prerrogativa de autorizar a utilização de créditos, quaisquer créditos, tanto aqueles que devem ser restituídos ou ressarcidos, "para a quitação de quaisquer tributos e contribuições sob sua administração".[65]

Ainda para exemplificar as alterações promovidas por esse artigo, é pertinente a transcrição de precedente do antigo Conselho de Contribuintes do Ministério da Fazenda, atual Carf:

> COFINS – COMPENSAÇÃO – REGIMES
> 1 – No regime da Lei nº 8.383/1991 (art. 66), a compensação só podia se dar entre tributos da mesma espécie, mas independia,

---

[65] MARINS, James. *Direito processual tributário brasileiro (administrativo e judicial)*. 5. ed. São Paulo: Dialética, 2010. p. 310.

nos tributos lançados por homologação, de pedido à autoridade administrativa. Já no regime da Lei nº 9.430, de 1996 (art. 74), mediante requerimento do contribuinte, a Secretaria da Receita Federal está autorizada a compensar os créditos a ela oponíveis para a quitação de quaisquer tributos ou contribuições sob sua administração. Quer dizer, a matéria foi alterada, tanto em relação à abrangência da compensação quanto em relação ao respectivo procedimento, não sendo possível combinar os dois regimes, como seja, autorizar a compensação de quaisquer tributos ou contribuições, independentes de requerimento à Fazenda Pública.[66]

Por fim, a Lei nº 9.430/1996 foi alterada pelas leis nº 10.637/2002 e 11.051/2004, promovendo-se nova reforma no instituto da compensação, sobretudo no procedimento, como será analisado adiante. Além disso, a Lei Complementar nº 104/2001 foi responsável pela inserção do art. 170-A no CTN, que vedou a compensação de tributos antes do trânsito em julgado do processo judicial no qual são discutidos.

Veja-se a nova redação do *caput* do art. 74 da Lei nº 9.430/1996, atualmente vigente:

> Art. 74. O sujeito passivo que apurar crédito, inclusive os judiciais com trânsito em julgado, relativo a tributo ou contribuição administrado pela Secretaria da Receita Federal, passível de restituição ou de ressarcimento, poderá utilizá-lo na compensação de débitos próprios relativos a quaisquer tributos e contribuições administrados por aquele Órgão. (Redação dada pela Lei nº 10.637, de 2002)

---

[66] BRASIL. Conselho de Contribuintes do Ministério da Fazenda (CCMF). Primeira Câmara. Recurso Voluntário nº 101.617. Relator: conselheiro Jorge Freire. Sessão de 7 de julho de 1999.

Consolidando essa série de regimes advindos de sucessivas alterações legislativas, transcreve-se o seguinte trecho de acórdão referente ao recurso repetitivo no âmbito do STJ, que os delineia com bastante propriedade:

> TRIBUTÁRIO. RECURSO ESPECIAL REPRESENTATIVO DE CONTROVÉRSIA. ART. 543-C, DO CPC. COMPENSAÇÃO TRIBUTÁRIA. SUCESSIVAS MODIFICAÇÕES LEGISLATIVAS. LEI 8.383/1991. LEI 9.430/1996. LEI 10.637/2002. REGIME JURÍDICO VIGENTE À ÉPOCA DA PROPOSITURA DA DEMANDA. LEGISLAÇÃO SUPERVENIENTE. INAPLICABILIDADE EM SEDE DE RECURSO ESPECIAL. ART. 170-A DO CTN. AUSÊNCIA DE INTERESSE RECURSAL. HONORÁRIOS. VALOR DA CAUSA OU DA CONDENAÇÃO. MAJORAÇÃO. SÚMULA 07 DO STJ. VIOLAÇÃO DO ART. 535 DO CPC NÃO CONFIGURADA.
>
> 1. A compensação, posto modalidade extintiva do crédito tributário (artigo 156, do CTN), exsurge quando o sujeito passivo da obrigação tributária é, ao mesmo tempo, credor e devedor do erário público, sendo mister, para sua concretização, autorização por lei específica e créditos líquidos e certos, vencidos e vincendos, do contribuinte para com a Fazenda Pública (artigo 170, do CTN).
>
> 2. A Lei 8.383, de 30 de dezembro de 1991, ato normativo que, pela vez primeira, versou o instituto da compensação na seara tributária, autorizou-a apenas entre tributos da mesma espécie, sem exigir prévia autorização da Secretaria da Receita Federal (artigo 66).
>
> 3. Outrossim, a Lei 9.430, de 27 de dezembro de 1996, na Seção intitulada "Restituição e Compensação de Tributos e Contribuições", determina que a utilização dos créditos do contribuinte e a quitação de seus débitos serão efetuadas em procedimentos

internos à Secretaria da Receita Federal (artigo 73, *caput*), para efeito do disposto no artigo 7º, do Decreto-Lei 2.287/1986.

4. A redação original do artigo 74, da Lei 9.430/1996, dispõe: "Observado o disposto no artigo anterior, a Secretaria da Receita Federal, atendendo a requerimento do contribuinte, poderá autorizar a utilização de créditos a serem a ele restituídos ou ressarcidos para a quitação de quaisquer tributos e contribuições sob sua administração".

5. Consectariamente, a autorização da Secretaria da Receita Federal constituía pressuposto para a compensação pretendida pelo contribuinte, sob a égide da redação primitiva do artigo 74, da Lei 9.430/1996, em se tratando de tributos sob a administração do aludido órgão público, compensáveis entre si.

6. A Lei 10.637, de 30 de dezembro de 2002 (regime jurídico atualmente em vigor), sedimentou a desnecessidade de equivalência da espécie dos tributos compensáveis, na esteira da Lei 9.430/1996, a qual não mais albergava esta limitação.

7. Em consequência, após o advento do referido diploma legal, tratando-se de tributos arrecadados e administrados pela Secretaria da Receita Federal, tornou-se possível a compensação tributária, independentemente do destino de suas respectivas arrecadações, mediante a entrega, pelo contribuinte, de declaração na qual constem informações acerca dos créditos utilizados e respectivos débitos compensados, termo *a quo* a partir do qual se considera extinto o crédito tributário, sob condição resolutória de sua ulterior homologação, que se deve operar no prazo de 5 (cinco) anos.

8. Deveras, com o advento da Lei Complementar 104, de 10 de janeiro de 2001, que acrescentou o artigo 170-A ao Código Tributário Nacional, agregou-se mais um requisito à compensação tributária, a saber:

"Art. 170-A. É vedada a compensação mediante o aproveitamento de tributo, objeto de contestação judicial pelo sujeito passivo, antes do trânsito em julgado da respectiva decisão judicial."

9. Entrementes, a Primeira Seção desta Corte consolidou o entendimento de que, em se tratando de compensação tributária, deve ser considerado o regime jurídico vigente à época do ajuizamento da demanda, não podendo ser a causa julgada à luz do direito superveniente, tendo em vista o inarredável requisito do prequestionamento, viabilizador do conhecimento do apelo extremo, ressalvando-se o direito de o contribuinte proceder à compensação dos créditos pela via administrativa, em conformidade com as normas posteriores, desde que atendidos os requisitos próprios (EREsp 488992/MG).[67]

No aspecto infralegal, a matéria foi regulada por sucessivas instruções normativas, sendo atualmente regida pela IN RFB nº 1.300/2012, que revogou a IN RFB nº 900/2008.

A compensação, no âmbito federal, é, portanto, efetuada mediante a entrega de declaração pelo sujeito passivo, da qual constem os créditos utilizados e os respectivos débitos compensados.[68] Tal declaração é denominada "declaração de compensação" (DCOMP), sendo efetuada, via de regra, em meio eletrônico através de programa disponibilizado pela Receita Federal (PER/DCOMP).

Uma vez apresentada, a declaração de compensação extingue o débito, sob condição resolutória de sua ulterior homologação, no prazo de cinco anos. Dispõe ainda a Lei nº 9.430/1996, em seu § 6º, que "a declaração de compensação constitui confissão de dívida e instrumento hábil e suficiente para a exigência dos débitos indevidamente compensados".

---

[67] BRASIL. Superior Tribunal de Justiça. Primeira Seção. REsp nº 1.137.738/SP. Relator: ministro Luiz Fux. Julgamento em 9 de dezembro de 2009. *DJe*, 1º fev. 2010.

[68] "Art. 74. [...] § 1º. A compensação de que trata o caput será efetuada mediante a entrega, pelo sujeito passivo, de declaração na qual constarão informações relativas aos créditos utilizados e aos respectivos débitos compensados. (Incluído pela Lei nº 10.637, de 2002)"

Em sua apreciação pela RFB, a declaração poderá ser homologada ou não homologada. A homologação ratifica a extinção do crédito tributário, enquanto a não homologação tem como efeito a intimação do contribuinte, através do chamado "despacho decisório", para que efetue o pagamento dos débitos indevidamente compensados ou apresente manifestação de inconformidade em face da decisão que não homologou a compensação.

Tal manifestação de inconformidade provocará a reapreciação do pedido de compensação pela autoridade administrativa e, na hipótese de ser julgada improcedente, permitirá a interposição de recurso ao Carf.

Em vista da expressa previsão do § 11 do art. 74 da Lei nº 9.430/1996, a manifestação de inconformidade e o recurso obedecerão ao rito processual do Decreto nº 70.235/1972, bem como suspenderão a exigibilidade do crédito tributário, nos termos do art. 151, III, do CTN. Portanto, equivalem, respectivamente, à impugnação e ao recurso voluntário.

Importa ressaltar que, em virtude de alterações implementadas pelas leis nº 11.051/2004 e nº 11.941/2009, foram elencadas algumas hipóteses nas quais a compensação será considerada não declarada, *verbis*:

> § 12. Será considerada não declarada a compensação nas hipóteses: (Redação dada pela Lei nº 11.051, de 2004)
> I - previstas no § 3º deste artigo;[69] (Incluído pela Lei nº 11.051, de 2004)

---

[69] Lei nº 9.430/1996: "Art. 74. [...] § 3º. Além das hipóteses previstas nas leis específicas de cada tributo ou contribuição, não poderão ser objeto de compensação mediante entrega, pelo sujeito passivo, da declaração referida no § 1º: (Redação dada pela Lei nº 10.833, de 2003) I - o saldo a restituir apurado na Declaração de Ajuste Anual do Imposto de Renda da Pessoa Física; (Incluído pela Lei nº 10.637, de 2002) II - os débitos relativos a tributos e contribuições devidos no registro da Declaração de Importação; (Incluído pela Lei nº 10.637, de 2002) III - os débitos relativos a tributos e contribuições administrados pela Secretaria da Receita Federal que já tenham sido encaminhados à

II - em que o crédito: (Incluído pela Lei nº 11.051, de 2004)

a) seja de terceiros; (Incluída pela Lei nº 11.051, de 2004)

b) refira-se a "crédito-prêmio" instituído pelo art. 1º do Decreto-Lei nº 491, de 5 de março de 1969; (Incluída pela Lei nº 11.051, de 2004)

c) refira-se a título público; (Incluída pela Lei nº 11.051, de 2004)

d) seja decorrente de decisão judicial não transitada em julgado; ou (Incluída pela Lei nº 11.051, de 2004)

e) não se refira a tributos e contribuições administrados pela Secretaria da Receita Federal – SRF. (Incluída pela Lei nº 11.051, de 2004)

f) tiver como fundamento a alegação de inconstitucionalidade de lei, exceto nos casos em que a lei: (Redação dada pela Lei nº 11.941, de 2009)

1. tenha sido declarada inconstitucional pelo Supremo Tribunal Federal em ação direta de inconstitucionalidade ou em ação declaratória de constitucionalidade; (Incluído pela Lei nº 11.941, de 2009)

2. tenha tido sua execução suspensa pelo Senado Federal; (Incluído pela Lei nº 11.941, de 2009)

3. tenha sido julgada inconstitucional em sentença judicial transitada em julgado a favor do contribuinte; ou (Incluído pela Lei nº 11.941, de 2009)

4. seja objeto de súmula vinculante aprovada pelo Supremo Tribunal Federal nos termos do art. 103-A da Constituição Federal. (Incluído pela Lei nº 11.941, de 2009)

---

Procuradoria-Geral da Fazenda Nacional para inscrição em Dívida Ativa da União; (Incluído pela Lei nº 10.833, de 2003) IV - o débito consolidado em qualquer modalidade de parcelamento concedido pela Secretaria da Receita Federal - SRF; (Redação dada pela Lei nº 11.051, de 2004) V - o débito que já tenha sido objeto de compensação não homologada, ainda que a compensação se encontre pendente de decisão definitiva na esfera administrativa; e (Redação dada pela Lei nº 11.051, de 2004) VI - o valor objeto de pedido de restituição ou de ressarcimento já indeferido pela autoridade competente da Secretaria da Receita Federal - SRF, ainda que o pedido se encontre pendente de decisão definitiva na esfera administrativa. (Incluído pela Lei nº 11.051, de 2004)".

Ademais, nos termos do § 13 do art. 74 da Lei nº 9.430/1996, à compensação não declarada não se aplica o disposto nos §§ 2º e 5º a 11 do mesmo artigo. Com relação à compensação considerada não declarada, vejam-se os comentários de Leandro Paulsen:

> Compensação considerada não declarada. Ausência de efeito suspensivo de eventual petição do contribuinte. Há créditos cuja invocação para fins de compensação é expressamente proibida por lei. Em tais casos, se, embora a vedação legal inequívoca, o contribuinte utilizá-los em compensação mediante apresentação de Declaração de Compensação, esta será simplesmente considerada não declarada (art. 74, §§ 3º e 12, da Lei 9.430/1996), tais como as compensações em que o crédito seja de terceiros e aquelas em que o crédito seja decorrente de decisão judicial não transitada em julgado, tudo conforme o § 12 do art. 74 da Lei 9.430/1996.
>
> Nada impede que o contribuinte peticione (direito de petição), mas seu inconformismo não terá efeito suspensivo. Tal regime legal é válido, porquanto preserva o efeito suspensivo das compensações aparentemente realizadas com suporte legal, mas impede que compensações sabidamente inválidas impliquem impedimento à exigibilidade dos créditos tributários. Atende-se, assim, à proporcionalidade, prestigiando, ainda, a boa-fé.[70]

Cabe destacar que a Lei nº 12.249/2010 incluiu os seguintes parágrafos ao art. 74 da Lei nº 9.430/1996:

> § 15. Será aplicada multa isolada de 50% sobre o valor do crédito objeto de pedido de ressarcimento indeferido ou indevido. (Incluído pela Lei nº 12.249, de 2010)

---

[70] PAULSEN, Leandro. *Direito tributário*: Constituição e Código Tributário à luz da doutrina e da jurisprudência. 10. ed. rev. e atual. Porto Alegre: Livraria do Advogado, 2008. p. 1126.

§ 16. O percentual da multa de que trata o § 15 será de 100% na hipótese de ressarcimento obtido com falsidade no pedido apresentado pelo sujeito passivo. (Incluído pela Lei nº 12.249, de 2010)

§ 17. Aplica-se a multa prevista no § 15, também, sobre o valor do crédito objeto de declaração de compensação não homologada, salvo no caso de falsidade da declaração apresentada pelo sujeito passivo. (Incluído pela Lei nº 12.249, de 2010)

A Lei nº 12.844/2013 acrescentou ainda o § 18 a esse dispositivo, ressalvando que,

> no caso de apresentação de manifestação de inconformidade contra a não homologação da compensação, fica suspensa a exigibilidade da multa de ofício de que trata o § 17, ainda que não impugnada essa exigência, enquadrando-se no disposto no inciso III do art. 151 da Lei nº 5.172, de 25 de outubro de 1966 – Código Tributário Nacional.[71]

Com relação aos créditos em discussão judicial, deve-se notar que o art. 170-A veda sua compensação em sede de liminar. Além disso, o art. 82 da IN RFB nº 1.300/2012 determina sua prévia habilitação junto à própria RFB, após o trânsito em julgado, para que seja possível a compensação.

É importante observar, ainda, que as contribuições à previdência social passaram a ser administradas pela Secretaria da Receita Federal do Brasil a partir da edição da Lei nº 11.457/2007. Entretanto, conforme dispõe o art. 26, parágrafo único, da referida lei, o disposto no art. 74 da Lei nº 9.430/1996 não se aplica às contribuições sociais previstas nas alíneas "a",

---

[71] CTN: "Art. 151. Suspendem a exigibilidade do crédito tributário: [...] III - as reclamações e os recursos, nos termos das leis reguladoras do processo tributário administrativo".

"b" e "c" do parágrafo único do art. 11 da Lei nº 8.212, de 24 de julho de 1991, assim como às contribuições instituídas a título de substituição.

Consequentemente, a IN RFB nº 1.300/2012 possui regras específicas para compensação de contribuições previdenciárias recolhidas a maior, cujo procedimento está previsto nos arts. 56 a 60 da citada IN, não sendo possível a compensação dessas contribuições com outros tributos federais.

## Parcelamento

O parcelamento, concedido na forma e condição estabelecidas em lei (art. 155-A do CTN), é causa de suspensão da exigibilidade do crédito tributário (art. 151, VI, do CTN). Concedido o parcelamento pela administração pública, o contribuinte efetua o pagamento em parcelas, cuja quitação final terá por consequência a extinção do crédito. O parcelamento, porém, não exime o contribuinte do pagamento de multa e juros (salvo disposição legal em contrário).

As previsões usuais de parcelamento estabelecem a necessidade de confissão irretratável de dívida pelo contribuinte, a necessidade de opção pelo regime, além de outros requisitos que alcançam desde a obrigatoriedade de apresentação de garantia, até a desistência de processos judiciais que versem sobre o crédito tributário parcelado, com renúncia ao direito em que se funda a respectiva ação.

Tornou-se hábito no Brasil, com a constante necessidade dos governos de formar caixa, atingir metas de superávit, reduzir o montante da dívida pública, entre outras razões de ordem político-econômica, a edição, de tempos em tempos, dos ditos programas de recuperação fiscal (Refis), que envolvem a autorização para o parcelamento de débitos tributários com uma série de benefícios (até mesmo com concessão de anistias e autorização de compensação). No âmbito federal, em que tais programas têm sido instituídos com certa regularidade, embora com características específicas, pode-se mencionar: (1) Refis – programa de recuperação fiscal instituído pela Lei nº 9.964/2000; (2) parcelamento especial (Paes) ou Refis II, instituído pela Lei nº 10.684/2003; (3) parcelamento excepcional (Paex) ou Refis III, instituído pela Medida Provisória nº 303/2006; (4) Refis IV, instituído pela Lei nº 11.941/2009.

Recentemente, através da Lei nº 12.865, de 9 de outubro de 2013, foi reaberto o prazo para adesão ao parcelamento citado no item 4, acima, e estendida a possibilidade de parcelamento, com benefícios, para débitos objeto de discussões judiciais específicas, como PIS/Cofins de instituições financeiras e companhias seguradoras (art. 39 e segs.), IRPJ e CSLL devidos sobre lucros auferidos por controladas e coligadas no exterior (art. 40), entre outros.

A respeito da confissão irretratável, alguns autores sustentam que, apesar de tê-la firmado, o contribuinte não se vê impedido de buscar a eventual repetição dos valores recolhidos na hipótese de ter os recolhimentos efetuados como indevidos, pelo fato de que a confissão não é capaz de gerar obrigação tributária. Isso porque seria simples meio de prova da verdade do que se afirma dos fatos, não interferindo com o significado que tais fatos possam ter no mundo jurídico.[72] Além disso, tal previsão consubstanciaria ofensa aos princípios da inafastabilidade do controle jurisdicional e do acesso à Justiça. Nesse sentido, transcreve-se um antigo precedente do Supremo Tribunal Federal:

CONTROLE JUDICIAL. SUA INAFASTABILIDADE. LEI ESTADUAL QUE ATRIBUI AO PEDIDO DE PARCELAMENTO DE

---

[72] MACHADO, Hugo de Brito. Confissão irretratável de dívida tributária nos pedidos de parcelamento. *Revista Dialética de Direito Tributário*, São Paulo, n. 145, p. 47-53, out. 2007.

CRÉDITO FISCAL O EFEITO DE CONFISSAO IRRETRATÁVEL E DE RENÚNCIA A QUALQUER DEFESA OU RECURSO ADMINISTRATIVO OU JUDICIAL, BEM COMO DESISTÊNCIA DOS JÁ INTERPOSTOS. INCONSTITUCIONALIDADE DESSE DISPOSITIVO RELATIVAMENTE À EXPRESSAO "OU JUDICIAL", POR OFENSIVA AO ART-153, PAR-4, DA CF. RECURSO EXTRAORDINÁRIO CONHECIDO E PROVIDO.[73]

Contudo, em sentido diverso pacificou-se a jurisprudência no Superior Tribunal de Justiça, nas hipóteses em que o contribuinte se vê obrigado a requerer a desistência do processo renunciando ao direito sobre o qual se funda a ação como condição para adesão ao Refis, por exemplo. É o que se pode observar do seguinte precedente:

EMBARGOS DE DIVERGÊNCIA – TRIBUTÁRIO – PROGRAMA DE RECUPERAÇÃO FISCAL (REFIS) – EXTINÇÃO DO PROCESSO COM JULGAMENTO DE MÉRITO – ART. 269, V, DO CPC. DIVERGÊNCIA JURISPRUDENCIAL CONFIGURADA.
É pacífico neste Sodalício o entendimento de que, consoante consta do artigo 3º, I, da Lei n. 9.964/00, a adesão ao REFIS depende de confissão irrevogável e irretratável dos débitos fiscais, o que leva à extinção do feito com julgamento do mérito em razão da renúncia ao direito sobre o qual se funda a ação.
Nesse sentido, a extinção do processo deve ocorrer com arrimo no que dispõe o artigo 269, V, do Código de Processo Civil, como condição para que seja assegurado à empresa o direito de ingressar no programa. Precedentes.
Embargos de divergência provido.[74]

---

[73] BRASIL. Supremo Tribunal Federal. Tribunal Pleno. RE nº 94.141/SP. Relator: ministro Soares Muñoz. Julgamento em 10 de novembro de 1982. *DJ*, 4 mar. 1983.
[74] BRASIL. Superior Tribunal d e Justiça. Primeira Seção. EREsp nº 727.976/PR. Relator: ministro Humberto Martins. Julgamento em 9 de agosto de 2006. *DJ*, 28 ago. 2006.

Veja-se, ainda, decisão proferida em recurso repetitivo sobre o papel do Judiciário na extinção de processo com resolução do mérito em casos como esses, bem como quanto às condições para adesão ao parcelamento, fazendo-se a ressalva que em vista de contradição no acórdão o feito será incluído novamente em pauta.

EMBARGOS DE DECLARAÇÃO EM RECURSO ESPECIAL REPRESENTATIVO DE CONTROVÉRSIA. PROCESSUAL CIVIL E TRIBUTÁRIO. FUNDAMENTAÇÃO EM CONTRADIÇÃO COM O DISPOSITIVO. RESP DA FAZENDA NACIONAL OBJETIVANDO A CONCLUSÃO DE QUE A ADESÃO AO PAES IMPLICA EM RENÚNCIA TÁCITA DO DIREITO EM QUE SE FUNDA A AÇÃO. ACÓRDÃO EMBARGADO PROVENDO O RECURSO ESPECIAL, TODAVIA, AFIRMANDO QUE A EXTINÇÃO DO PROCESSO COM RESOLUÇÃO DE MÉRITO (ART. 269, V, DO CPC) NECESSITA DE REQUERIMENTO EXPRESSO DA PARTE, MESMO APÓS EVENTUAL ADESÃO A PROGRAMA DE PARCELAMENTO. DESISTÊNCIA DA SUSTENTAÇÃO ORAL PELO RECORRENTE, EM RAZÃO DA INFORMAÇÃO DE PROVIMENTO DO RECURSO. PEDIDO PARA REINCLUSÃO EM PAUTA. EMBARGOS ACOLHIDOS PARA, RECONHECIDA A CONTRADIÇÃO, ANULAR O JULGAMENTO ANTERIOR, PARA OPORTUNA INCLUSÃO DO FEITO EM PAUTA.

1. A FAZENDA NACIONAL sustentou, no Recurso Especial, que a adesão ao PAES implica confissão de dívida e consequente renúncia ao direito material postulado pelo contribuinte, havendo ou não pedido de renúncia expresso, razão pela qual o processo deveria, nesses casos, ser extinto com julgamento de mérito (art. 269, V, do CPC); isso porque a mera adesão ao regime de parcelamento demonstra ato incompatível com a interposição ou insistência no processamento de ação ou recurso.

2. O acórdão embargado, por sua vez, afirmou que (a) a existência de pedido expresso de renúncia do direito discutido nos autos é *conditio iuris* para a extinção do processo com julgamento do mérito por provocação do próprio autor, residindo o ato em sua esfera de disponibilidade e interesse, não se podendo admiti-la tácita ou presumidamente, nos termos do art. 269, V, do CPC; e (b) ausente a manifestação expressa da pessoa jurídica interessada em aderir ao PAES quanto à confissão da dívida e à desistência da ação com renúncia ao direito, é incabível a extinção do processo com julgamento de mérito, porquanto "o preenchimento dos pressupostos para a inclusão da empresa no referido programa é matéria que deve ser verificada pela autoridade administrativa, fora do âmbito judicial".[75]

Vale ressaltar, todavia, que o STJ admite a rediscussão de crédito tributário parcelado e, consequentemente, confessado, desde que se limite a aspectos jurídicos, ou caso seja comprovado que os fatos a serem revisitados estão eivados de vícios que acarretem a nulidade dos atos jurídicos:

> TRIBUTÁRIO. REPETIÇÃO DO INDÉBITO. PARCELAMENTO. CONFISSÃO DE DÍVIDA. DISCUSSÃO JUDICIAL. POSSIBILIDADE.
> 1. A confissão de dívida para fins de parcelamento dos débitos tributários não impede sua posterior discussão judicial quanto aos aspectos jurídicos. Os fatos, todavia, somente poderão ser reapreciados se ficar comprovado vício que acarrete a nulidade do ato jurídico.
> 2. Posição consolidada no julgamento do REsp 1.133.027-SP, Rel. Min. Luiz Fux, Rel. para o acórdão Min. Mauro Campbell

---

[75] BRASIL. Superior Tribunal de Justiça. Primeira Seção. REsp nº 1.124.420/MG. Relator: ministro Napoleão Nunes Maia Filho. Julgamento em 29 de fevereiro de 2012. *DJe*, 14 mar. 2012.

Marques, Primeira Seção, julgado em 13.10.2010, pendente de publicação, submetido ao regime do art. 543-C do CPC e da Resolução STJ n. 8/2008.
3. Agravo regimental não provido.[76]

Além das controvérsias relativas à confissão irretratável demandada pelos parcelamentos, existem inúmeras questões advindas das possibilidades e requisitos para a exclusão de contribuintes que aderiram aos programas de recuperação fiscal, por motivos como o inadimplemento parcial de parcelas[77] ou o inadimplemento integral de sucessivas parcelas.

Com relação a esta última hipótese, discutiu-se especificamente se o inadimplemento de certo número de parcelas previsto na Lei do Paes descredenciaria o contribuinte automaticamente ou se seria possível a regularização da situação do contribuinte mediante o pagamento das parcelas em atraso.

Sobre a questão, a Procuradoria-Geral da Fazenda Nacional emitiu o Parecer PGFN nº 2.276/2007 concluindo, em seu item 14, que deveria

> ser revisto o entendimento firmado entre PGFN e SRF de que uma vez caracterizada a inadimplência que possibilite a exclusão do contribuinte deste parcelamento, o recolhimento das parcelas e tributos em atraso, mesmo que com as devidas correções, não sanaria a irregularidade, permanecendo o contribuinte sujeito à exclusão do Paes, para considerar-se possível esta regularização até a data em que tiver o contribuinte ciência do ato de exclusão.

---

[76] BRASIL. Superior Tribunal de Justiça. Segunda Turma. AgRg no REsp nº 1.202.871/RJ. Relator: ministro Castro Meira. Julgamento em 1º de março de 2011. *DJe*, 17 mar. 2011.
[77] CARNEIRO, Daniel Zanetti Marques. Exclusão do parcelamento especial (Paes) por inadimplemento parcial das prestações mensais. *Revista Dialética de Direito Tributário*, São Paulo, n. 141, p. 13, jun. 2007.

*Denúncia espontânea*

A denúncia espontânea consiste no procedimento através do qual o contribuinte se antecipa ao fisco e, confessando dever tributo, promove seu pagamento, acompanhado dos respectivos juros de mora (ou o depósito da importância arbitrada pela autoridade administrativa, quando o montante do tributo dependa de apuração). Dessa maneira, libera-se o contribuinte da responsabilidade pela infração à norma tributária e, consequentemente, de eventuais multas que lhe seriam impostas por tal prática reprovável.
Assim estabelece o *caput* do art. 138 do CTN:

> Art. 138. A responsabilidade é excluída pela denúncia espontânea da infração, acompanhada, se for o caso, do pagamento do tributo devido e dos juros de mora, ou do depósito da importância arbitrada pela autoridade administrativa, quando o montante do tributo dependa de apuração.

De acordo com o parágrafo único do dispositivo transcrito, para que a denúncia espontânea surta efeitos em benefício do contribuinte, é necessário que seja promovida antes do início de qualquer procedimento administrativo ou medida fiscalizatória com relação à infração.
A respeito do instituto da denúncia espontânea, Leandro Paulsen ensina que

> o objetivo da norma é estimular o contribuinte infrator a colocar-se em situação de regularidade, resgatando as pendências deixadas e ainda desconhecidas por parte do Fisco, com o que este recebe o que lhe deveria ter sido pago e cuja satisfação, não fosse a iniciativa do contribuinte, talvez jamais ocorresse.[78]

---

[78] PAULSEN, Leandro. *Direito tributário*: Constituição e Código Tributário à luz da doutrina e jurisprudência. 12. ed. Porto Alegre: Livraria do Advogado, 2010. p. 990.

Com relação à abrangência da denúncia espontânea, após idas e vindas, a jurisprudência consolidou-se no sentido de que o art. 138 do CTN não estabelece distinção entre multa de mora e multa punitiva, de modo que ambas seriam excluídas pela denúncia espontânea:

> TRIBUTÁRIO – PROCESSUAL CIVIL – ART. 138 DO CTN – DENÚNCIA ESPONTÂNEA RECONHECIDA PELA CORTE *A QUO* – TRIBUTO SUJEITO A LANÇAMENTO POR HOMOLOGAÇÃO – INOVAÇÃO RECURSAL – IMPOSSIBILIDADE – MULTA MORATÓRIA AFASTADA.
> 1. O acórdão recorrido entendeu caracterizada a denúncia espontânea evidenciando que: a) houve pagamento integral do tributo acrescido de multa de mora; b) a Fazenda não contestou o fato da inexistência de prévia fiscalização ou abertura de procedimento administrativo.
> 2. A Corte *a quo* não fez distinção entre a natureza do ato homologatório do tributo, se por homologação ou por outro meio, limitando-se a interpretar o art. 138 do CTN. Trata-se de inovação recursal insuscetível de conhecimento dada a ausência de prequestionamento.
> 3. É desnecessário fazer distinção entre multa moratória e multa punitiva, visto que ambas são excluídas em caso de configuração da denúncia espontânea. Precedentes.
> Agravo regimental improvido.[79]

Para que seja aplicável a orientação acima, pressupõe-se que já esteja configurada a hipótese de denúncia espontânea. Contudo, é justamente acerca dos requisitos para sua configuração que a jurisprudência tem se orientado de modo muito restritivo.

---

[79] BRASIL. Superior Tribunal de Justiça. Segunda Turma. AgRg no REsp nº 919.886/SC. Relator: ministro Humberto Martins. Julgamento em 9 de fevereiro de 2010. DJe, 24 fev. 2010.

Exemplo é a orientação do STJ no sentido de que a denúncia espontânea seria inaplicável nas hipóteses de multa por descumprimento de obrigação acessória desvinculada da ocorrência do fato gerador, como a apresentação de declarações (DCTF, Dimob, GIA, entre outras). Nesse sentido são os precedentes de ambas as turmas de direito público do STJ:

> PROCESSUAL CIVIL. TRIBUTÁRIO. ATRASO NA ENTREGA DA DECLARAÇÃO DE OPERAÇÕES IMOBILIÁRIAS. MULTA MORATÓRIA. CABIMENTO. DENÚNCIA ESPONTÂNEA NÃO CONFIGURADA.
> 1. A entrega das declarações de operações imobiliárias fora do prazo previsto em lei constitui infração formal, não podendo ser considerada como infração de natureza tributária, apta a atrair o instituto da denúncia espontânea prevista no art. 138 do Código Tributário Nacional. Do contrário, estar-se-ia admitindo e incentivando o não pagamento de tributos no prazo determinado, já que ausente qualquer punição pecuniária para o contribuinte faltoso.
> 2. A entrega extemporânea das referidas declarações é ato puramente formal, sem qualquer vínculo com o fato gerador do tributo e, como obrigação acessória autônoma, não é alcançada pelo art. 138 do CTN, *estando o contribuinte sujeito ao pagamento da multa moratória devida*.
> 3. Precedentes: AgRg no REsp 669851/RJ, Rel. Ministro FRANCISCO FALCÃO, PRIMEIRA TURMA, julgado em 22.02.2005, DJ 21.03.2005; REsp 331.849/MG, Rel. Ministro JOÃO OTÁVIO DE NORONHA, SEGUNDA TURMA, julgado em 09.11.2004, DJ 21.03.2005; REsp 504967/PR, Rel. Ministro FRANCISCO PEÇANHA MARTINS,
> SEGUNDA TURMA, julgado em 24.08.2004, DJ 08.11.2004; REsp 504967/PR, Rel. Ministro FRANCISCO PEÇANHA MARTINS, SEGUNDA TURMA, julgado em 24.08.2004, DJ

08.11.2004; EREsp nº 246.295-RS, Relator Ministro JOSÉ DELGADO, DJ de 20.08.2001; EREsp nº 246.295-RS, Relator Ministro JOSÉ DELGADO, DJ de 20.08.2001; RESP 250.637, Relator Ministro Milton Luiz Pereira, DJ 13/02/02.
4. Agravo regimental desprovido.[80]

A principal controvérsia a respeito do instituto da denúncia espontânea, porém, gravitou em torno da possibilidade de seu aproveitamento pelo contribuinte, na hipótese de tributos sujeitos a lançamento por homologação. A evolução da jurisprudência quanto a esse tema, no entanto, permitiu a consolidação do entendimento transcrito a seguir, inserto em julgado do STJ:

> 2. O aresto paradigma indicado pela embargante (REsp 1.149.022/SP, Rel. Min. Luiz Fux), prolatado em sede de recurso especial repetitivo (art. 543-C do CPC), consolidou o entendimento da Primeira Seção acerca do instituto da denúncia espontânea (art. 138 do CTN). Nesse julgado, foram identificadas as circunstâncias fáticas que ensejam a aplicação, ou não, desse instituto, quais sejam: a) se o contribuinte declara e paga a menor, mas retifica o valor da declaração e realiza, concomitantemente, o pagamento integral do valor retificado, deve ser reconhecida a denúncia espontânea; b) se o contribuinte declara, mas não paga o tributo na mesma oportunidade, não deve ser reconhecida a denúncia espontânea (Súmula 360/STJ).
> 3. No caso dos autos, o acórdão embargado partiu da premissa fática de que o pagamento posterior decorreu de crédito já previamente declarado pela contribuinte, razão por que é devida a multa moratória. O acórdão embargado, portanto, não

---

[80] BRASIL. Superior Tribunal de Justiça. Primeira Turma. AgRg no REsp nº 884.939/MG. Relator: ministro Luiz Fux. Julgamento em 5 de fevereiro de 2009. *DJe*, 19 fev. 2009, grifo no original.

diverge da orientação sedimentada no julgamento do aludido recurso repetitivo no sentido de que não deve ser reconhecida a denúncia espontânea nos casos em que o tributo é declarado regularmente, mas pago a destempo. Incide, pois, a Súmula 168/STJ.

4. Em verdade, a irresignação da recorrente não diz respeito à tese jurídica adotada, mas, sim, ao suporte fático da demanda que, supostamente, fora erroneamente identificado pelo acórdão embargado, já que, no seu caso, não teria havido pagamento extemporâneo de tributo já declarado, mas retificação do crédito que fora informado e pago a menor e com imediata quitação do valor retificado. No entanto, os embargos de divergência não servem para corrigir eventual erro de julgamento do recurso especial, decorrente de adoção de suposta premissa fática equivocada, como se fosse um novo recurso ordinário. Em face disso, não é possível pela via estreita deste recurso revisar eventual desacerto do acórdão embargado na aplicação da tese jurídica adotada à realidade do caso concreto.

Nesse sentido: AgRg nos EREsp 1.126.442/MG, Rel. Ministro João Otávio de Noronha, Corte Especial, julgado em 07/05/2012, DJe 18/05/2012; EREsp 908.790/RN, Rel. Ministro Benedito Gonçalves, Primeira Seção, DJe 03/09/2012; EREsp 1.045.978/RS, Rel. Ministro Humberto Martins, Primeira Seção, DJe 13/10/2010.

5. Agravo regimental não provido.[81]

Portanto, tratando-se de tributo sujeito a lançamento por homologação, (1) declarado e pago a menor, é possível a denúncia espontânea se o contribuinte retificar o valor da declaração e

---

[81] BRASIL. Superior Tribunal de Justiça. Primeira Seção. AgRg nos EAg nº 1.371.722/SP. Relator: ministro Benedito Gonçalves. Julgamento em 24 de outubro de 2012. *DJe*, 30 out. 2012.

realizar o pagamento integral do valor retificado; porém, (2) se o contribuinte tiver declarado e deixado de recolher o respectivo tributo, o instituto não terá aplicação (cf. Súmula nº 360/STJ).[82]

O instituto da denúncia espontânea, estando bem sedimentado na jurisprudência, não comporta maiores ilações, sendo de todo relevante apenas a observância desses pormenores.

## Questões de automonitoramento

1) Após ler este capítulo, você é capaz de resumir o caso gerador do capítulo 4, identificando os problemas atinentes e as soluções cabíveis para os diferentes cenários?

2) Discorra os desdobramentos possíveis da declaração de compensação.

3) É permitido ao contribuinte realizar a compensação de precatórios com débitos tributários vincendos? Caso afirmativo, em quais hipóteses?

4) Como deve ser interpretado o art. 138 do CTN à luz da jurisprudência do STJ?

5) Como se opera a denúncia espontânea nos tributos sujeitos a lançamento por homologação?

---

[82] "Benefício da Denúncia Espontânea – Aplicabilidade – Tributos Sujeitos a Lançamento por Homologação Regularmente Declarados – Pagamento a Destempo. O benefício da denúncia espontânea não se aplica aos tributos sujeitos a lançamento por homologação regularmente declarados, mas pagos a destempo" (BRASIL. Superior Tribunal de Justiça. Súmula nº 360, de 27 de agosto de 2008, *DJe*, 8 set. 2008).

# 3

# Ações: mandado de segurança e ação consignatória/ repetição de indébito

## Roteiro de estudo

### Mandado de segurança (MS)

Breves apontamentos sobre o mandado de segurança

A Constituição Federal de 1988 (CRFB/1988), a exemplo das cartas anteriores, assegurou que a lei não excluirá da apreciação do Poder Judiciário lesão ou ameaça a direito.[83]

Além da precitada garantia, conforme nos ensina Hugo de Brito Machado,[84] a Constituição Federal consagrou uma garantia específica para os direitos individuais líquidos e certos denominada mandado de segurança, que se destina especificamente à proteção do indivíduo contra o Estado, nos termos do art. 5º, LXIX, da CRFB/1988.

---

[83] Art. 5º, XXXV, da CRFB/1988.
[84] MACHADO, Hugo de Brito. *Mandado de segurança em matéria tributária*. 7. ed. São Paulo: Dialética, 2009.

Para a impetração do mandado de segurança, é essencial que o impetrante tenha prerrogativa ou direito próprio, individual ou coletivo a defender e que este se apresente líquido e certo ante o ato impugnado. A natureza mandamental se dá tendo em vista que o que pretende o impetrante do mandado de segurança é que o Poder Judiciário dê uma ordem à autoridade pública que está ofendendo determinado interesse protegido por lei.[85]

Com rito estabelecido na Lei nº 12.016/2009, que revogou expressamente a antiga Lei nº 1.533/1951, possui as seguintes características básicas, que serão abordadas detidamente em tópicos específicos.

❑ rito especial, aplicação do CPC subsidiária;
❑ demonstração através de prova pré-constituída, já que o rito especial do mandado de segurança (MS) não comporta dilação probatória;
❑ impetrada será a autoridade responsável pelo abuso ou ilegalidade (autoridade coatora) e não o ente federativo.

O mandado de segurança tem seu cabimento condicionado à existência de direito líquido e certo, que esteja escorado em fatos evidenciados através de provas pré-constituídas. Dessa forma, a narração na inicial do *mandamus* deve deixar clara a suficiência dos elementos probatórios carreados aos autos.

Em algumas situações excepcionais, em que o impetrante não tenha acesso a documentos em razão de recusa do agente público em fornecê-los através de certidão, admite-se a impetração de mandado de segurança sem a juntada de documentos,

---

[85] Segundo a doutrina majoritária, a sentença concessiva da ordem em mandado de segurança é dotada da natureza mandamental porque constitui, em síntese, uma ordem do juiz à autoridade impetrada para praticar ou deixar de praticar algum ato. Assim, não pode ser qualificada como tipicamente declaratória, constitutiva ou condenatória, muito embora esses efeitos estejam presentes em maior ou em menor carga, em todas as sentenças.

ensejando a determinação pelo magistrado de que seja exibida a documentação nas vias originais ou por meio de cópia autenticada, nos termos do § 1º do art. 6º da Lei nº 12.016/2009. O mandado de segurança poderá ser impetrado contra ato comissivo ou omissivo praticado pelo agente público, que se demonstre ilegal e/ou abusivo, violando direito líquido e certo do contribuinte.

Conforme leciona Mauro Luís Rocha Lopes,[86] no âmbito do direito tributário, os seguintes atos comumente ensejam a impetração de mandado de segurança:

1) lançamento;
2) autuação fiscal, com aplicação de penalidades;
3) decisão rejeitando a impugnação oferecida na via administrativa;
4) inscrição em dívida ativa;
5) decisão negando provimento ao recurso administrativo fiscal;
6) decisão negando direito a benefícios fiscais como isenção, imunidade, remissão, anistia etc.;
7) negativa de expedição de certidão negativa de débitos fiscais.

Não obstante a disposição contida no art. 5º, I, da Lei nº 12.016/2009,[87] é cabível a impetração de mandado de segurança ainda que exista a possibilidade de recurso administrativo com efeito suspensivo, tendo em vista a garantia constitucional de acesso ao Judiciário, bem como da faculdade conferida ao contribuinte de optar pela esfera judicial, sendo certo que a escolha desta implica renúncia da esfera administrativa, nos termos do

---

[86] LOPES, Mauro Luís Rocha. *Mandado de segurança*: doutrina, jurisprudência, legislação. Niterói: Impetus, 2004.
[87] Lei nº 12.016/2009: "Art. 5º. Não se concederá mandado de segurança quando se tratar: I - de ato do qual caiba recurso administrativo com efeito suspensivo, independentemente de caução".

parágrafo único do art. 38 da Lei de Execução Fiscal – LEF (Lei nº 6.830/1980).[88]

É importante salientar que o MS é impetrado em regra contra a autoridade coatora de superior hierarquia e não em face do ente federativo ao qual está subordinada ou do agente executor direto do ato coator. Vejamos exemplos:

- Em uma ação que discute não incidência de ICMS/RJ, será impetrado o secretário estadual de Fazenda do Rio de Janeiro e não o estado do Rio de Janeiro ou ainda ou o auditor de renda do estado.
- Em um MS em que se discute uma autuação de IPI, será impetrado o delegado da Receita Federal no estado e não a União federal ou o auditor fiscal que lavrou a autuação.

Destaca-se que a representação judicial, em regra, continuará sendo feita pelo órgão de representação judicial do ente ao qual a autoridade está vinculada, como a Procuradoria-Geral da Fazenda Nacional e a Procuradoria do Estado. É por essa razão que, em regra, o MS deve ser impetrado com duas cópias no mínimo: uma para a autoridade coatora e uma para o órgão de representação.[89]

Em primeira instância, ao despachar a inicial, na forma do art. 7º da Lei nº 12.016/2009, o juiz deve ordenar:

---

[88] Lei nº 6.830/1980: "Art. 38. A discussão judicial da Dívida Ativa da Fazenda Pública só é admissível em execução, na forma desta Lei, salvo as hipóteses de mandado de segurança, ação de repetição do indébito ou ação anulatória do ato declarativo da dívida, esta precedida do depósito preparatório do valor do débito, monetariamente corrigido e acrescido dos juros e multa de mora e demais encargos. Parágrafo único. A propositura, pelo contribuinte, da ação prevista neste artigo importa em renúncia ao poder de recorrer na esfera administrativa e desistência do recurso acaso interposto".
[89] Lei nº 12.016/2009: "Art. 7º. Ao despachar a inicial, o juiz ordenará: I - que se notifique o coator do conteúdo da petição inicial, *enviando-lhe a segunda via apresentada com as cópias dos documentos, a fim de que, no prazo de 10 (dez) dias, preste as informações*; II - *que se dê ciência do feito ao órgão de representação judicial da pessoa jurídica interessada, enviando-lhe cópia da inicial sem documentos, para que, querendo, ingresse no feito*; [...]" (grifo nosso).

1) a notificação à autoridade coatora do conteúdo da petição inicial instruída com documentos anexos, dando-lhe o prazo de 10 dias para prestar informações;
2) a ciência do feito ao órgão de representação judicial da pessoa jurídica interessada, enviando-lhe cópia da inicial, sem documentos, para que, querendo, ingresse no feito;
3) a suspensão do ato que deu motivo ao pedido, quando houver fundamento, e do ato impugnado que puder resultar a ineficácia da medida se deferida a final, sendo-lhe facultado exigir em garantia de ressarcimento à pessoa jurídica, caução, fiança ou depósito a ser constituído pelo impetrante.

## Mandado de segurança preventivo

O mandado de segurança preventivo está previsto no art. 1º da Lei nº 12.016/2009,[90] que admite sua impetração nas hipóteses em que exista justo receio de que a administração venha a impor determinada conduta abusiva ou ilegal ao contribuinte.

Não obstante a característica de antecipar-se ao eventual ato danoso praticado pelo agente público, o mandado de segurança preventivo deve, necessariamente, referir-se a uma situação concreta, de ocorrência plenamente aceitável, sob pena de pretender discutir lei em tese, ensejando sua extinção sem resolução do mérito, em observância à Súmula nº 266 do Supremo Tribunal Federal (STF).

A simples edição de norma geral e abstrata não é capaz de causar prejuízos, pelo que não pode ser impugnada via mandado

---

[90] Lei nº 12.016/2009: "Art. 1º. Conceder-se-á mandado de segurança para proteger direito líquido e certo, não amparado por *habeas corpus* ou *habeas data*, sempre que, ilegalmente ou com abuso de poder, qualquer pessoa física ou jurídica sofrer violação ou houver justo receio de sofrê-la por parte de autoridade, seja de que categoria for e sejam quais forem as funções que exerça".

de segurança. Só a respectiva efetivação da norma tem o condão de produzir gravames.[91]

Todavia, motivo suficiente a ensejar o cabimento de mandado de segurança preventivo é a ocorrência de fato gerador, fundamentado em norma ilegal/inconstitucional, que o fisco reputa gerador da obrigação tributária.

Nesse caso, sendo a atividade de lançamento obrigatória e indeclinável, sob pena de responsabilidade funcional da autoridade que se omitir (Código Tributário Nacional – CTN, art. 142, parágrafo único), patente se mostrará o receio do contribuinte em que se consume a lesão.

Por tal razão, é plenamente viável a impetração preventiva em relação aos tributos submetidos a lançamento por homologação, quando o contribuinte, após a ocorrência do suposto fato gerador, deseja evitar a lavratura de auto de infração por ter agido em desconformidade com exigência administrativa que reputa ilícita.

Não pode o contribuinte se valer da impetração para reaver quantias vertidas ao erário, eis que o mandado de segurança não

---

[91] Ver jurisprudência do Superior Tribunal de Justiça (STJ): "PROCESSUAL CIVIL – RECURSO ORDINÁRIO – MANDADO DE SEGURANÇA – LEI EM TESE – INADMISSIBILIDADE – ICMS – ENERGIA ELÉTRICA – ARGUIÇÃO DE INCONSTITUCIONALIDADE COMO PEDIDO – IMPOSSIBILIDADE – PRINCÍPIO DA ESSENCIALIDADE – ALÍQUOTA – SELETIVIDADE – LEGITIMIDADE – AUSÊNCIA DE PROVA PRÉ-CONSTITUÍDA – INADEQUAÇÃO DA VIA ELEITA. 1. O consumidor, como contribuinte de fato, é parte legítima para discutir da incidência do ICMS sobre os serviços de energia elétrica, na peculiar relação envolvendo o Estado-concedente, a concessionária e o consumidor (art. 7º da Lei n. 8.987/95). Precedente desta Corte (REsp 1299303/SC, PRIMEIRA SEÇÃO, julgado em 08/08/2012, DJe 14/08/2012). 2. Inviável a impetração de mandado de segurança contra lei em tese (Súmula 266/STF). 3. A declaração de inconstitucionalidade em mandado de segurança não pode figurar como pedido autônomo. Precedentes. 4. Para se aferir ofensa ao Princípio da Seletividade é imprescindível ampla e criteriosa análise das demais incidências e alíquotas previstas na legislação estadual. 5. Em mandado de segurança deve ser a prova pré-constituída, sendo incompatível com a dilação probatória. 6. Recurso ordinário em mandado de segurança não provido" (BRASIL. Superior Tribunal de Justiça. Segunda Turma. RMS nº 37.569/CE. Relatora: ministra Eliana Calmon. Julgamento em 20 de junho de 2013. DJe, 1º jul. 2013).

é substitutivo de ação de cobrança e não produz efeitos patrimoniais em relação a período pretérito, nos dizeres respectivos das súmulas n° 269[92] e n° 271[93] do STF.

Não obstante a aplicabilidade das supracitadas súmulas, que vêm sendo mitigadas, é possível a impetração de MS preventivo quando se pretende a compensação de valores recolhidos indevidamente, em que é sabido que o fisco não aceitará a compensação. Dessa forma, a impetração não busca condenar o Estado a restituir, mas sim que a administração não se oponha a processar o pedido de compensação.

Veja-se interessante julgado em que o STJ afirma a possibilidade de o mandado de segurança ser impetrado preventivamente, com caráter meramente declaratório. Pelo que não incidiriam as súmulas n° 269 e n° 271/STF:

> RECURSO ORDINÁRIO EM MANDADO DE SEGURANÇA. PROCESSUAL CIVIL. TRIBUTÁRIO. ICMS. SUBSTITUIÇÃO TRIBUTÁRIA. DECLARAÇÃO DO DIREITO À COMPENSAÇÃO. PRAZO DECADENCIAL DO ART. 18 DA LEI 1.533/51. INAPLICABILIDADE. MANDADO DE SEGURANÇA COM CARÁTER PREVENTIVO. RECURSO PROVIDO.
> 
> 1. O mandado de segurança impetrado com o fim de se reconhecer direito à compensação de tributos indevidamente recolhidos, por seu caráter preventivo, não está sujeito ao prazo decadencial de 120 dias, previsto no art. 18 da Lei 1.533/1951.
> 
> 2. Na hipótese dos autos, o mandado de segurança foi impetrado com o intuito de que fosse declarado o direito à compensação dos valores indevidamente recolhidos a título de ICMS, tendo

---

[92] Súmula n° 269/STF: "Mandado de segurança não é substitutivo de ação de cobrança".
[93] Súmula n° 271/STF: "Concessão de mandado de segurança não produz efeitos patrimoniais em relação a período pretérito, os quais devem ser reclamados administrativamente ou pela via judicial própria".

em vista a diferença entre o que foi efetivamente recolhido, no regime convencional de tributação, e o que foi recolhido por substituição tributária, com base na Lei Estadual 5.298/1996. Desse modo, a pretensão tem nítido caráter preventivo, porquanto visa à declaração do direito à compensação, não se voltando contra lesão a direito já ocorrida. O *mandamus* não objetiva a apuração dos créditos a serem compensados, mas a declaração do direito à compensação.

3. *"É cabível o mandado de segurança com efeito declaratório, apenas para garantir, em tese, o direito ao aproveitamento de créditos. E isto porque o encontro de contas deve ser feito administrativamente, a partir do procedimento efetuado pelo contribuinte e fiscalizado* pela Administração, que não fica impedida de cobrar eventual saldo devedor, se assim entender. Em sendo assim, inexiste o óbice das Súmulas 269 e 271/STF" (REsp 468.034-SP. Segunda Turma. Relatora: Ministra Eliana Calmon, DJ de 11 de outubro de 2004). Aplica-se ao caso em exame a Súmula 213/STJ: "O mandado de segurança constitui ação adequada para a declaração do direito à compensação tributária".

4. Recurso ordinário provido, para, afastando a decadência, determinar o retorno dos autos ao Tribunal de Justiça estadual, a fim de que seja processado e julgado o mandado de segurança.[94]

Inclusive, recentemente, a Procuradoria-Geral da Fazenda Nacional editou o Parecer PGFN/CRJ nº 1.177/2013[95] e, se coadunando com a jurisprudência firmada sobre a matéria, reconheceu expressamente que nas ações mandamentais transitadas em julgado, em cujas sentenças haja o reconhecimento

---

[94] BRASIL. Superior Tribunal de Justiça. Primeira Turma. RMS nº 23.120/ES. Relatora: ministra Denise Arruda. Julgamento em 18 de novembro de 2008. *DJe*, 18 dez. 2008, grifo no original.
[95] Disponível em: <http://dados.pgfn.fazenda.gov.br/dataset/pareceres/resource/11772013>. Acesso em: 9 jan. 2014.

da inexistência de relação jurídico-tributária e que contenha todos os elementos identificadores da obrigação devida, possa o contribuinte, desde logo, reivindicar os créditos pretéritos ao ajuizamento, inclusive mediante compensação, "sem a necessidade do ajuizamento de ação condenatória para tal finalidade". O parecer entendeu que submeter a matéria a um novo juízo de certificação não apresenta qualquer utilidade prática, na medida em que o novo julgamento apenas servirá para registrar aquilo que já foi decidido através da decisão por ocasião do julgado do mandado de segurança. Isso porque é sabido que, ajuizada a ação de repetição do indébito, não poderá o Poder Judiciário decidir de modo diverso ao julgado anterior, que declarou a inexistência da relação jurídico-tributária, à época, em litígio.

Dessa forma, evoluiu o entendimento anterior do fisco federal que perfilhava a impossibilidade de compensação de créditos tributários anteriores à propositura do MS, impondo que o contribuinte ajuizasse nova ação (repetição de indébito) à satisfação dos créditos pretéritos, mitigando portanto a aplicação literal das súmulas nº 269 e nº 271/STF, em respeito às balizas constitucionais da eficiência, da celeridade e da economia processual.

## Prazo

De acordo com o texto expresso no art. 23 da Lei nº 12.016/2009, o direito de requerer mandado de segurança se extinguirá decorridos 120 dias contados da ciência, pelo interessado, do ato impugnado.

Alguns autores sustentam a inconstitucionalidade do prazo decadencial para a impetração do mandado de segurança, sob o argumento de que o legislador infraconstitucional não teria poderes para criar, sem legitimação constitucional, prazos extintivos de uma garantia instituída pela CRFB/1988 sem submissão a limites temporais, a exemplo do que ocorre com o *habeas corpus* e o *habeas data*.

A precitada tese não encontra, atualmente, guarida na jurisprudência pátria. Esta assinala que, ao estabelecer o prazo decadencial, a lei não está cerceando o acesso ao Judiciário, mas tão somente delimitando o tempo durante o qual a apreciação é possível. Nesse sentido, conforme leciona Hugo de Brito Machado,

> admitir que ao mandado de segurança fossem aplicados os dispositivos pertinentes às ações ordinárias teria a consequência de descaracterizar o instrumento constitucional, que passaria a ser igual à ação de procedimento ordinário. [...] Inexistente o prazo decadencial de que se cuida, o número de mandados de segurança seria de tal sorte elevado que os titulares de direitos líquidos e certos deixariam de dispor de um instrumento ágil, posto que o mandado de segurança estaria na vala comum dos processos.[96]

O termo inicial do prazo para requerer mandado de segurança será a data da ciência, pelo interessado, do ato atacado, podendo ser vislumbrados vários marcos iniciais, como a ciência do auto de infração, da decisão proferida em processo administrativo, da inscrição em dívida ativa etc.

Tratando-se de mandado de segurança preventivo, não é correto definir como marco inicial do prazo em questão a data da ocorrência do fato gerador ou a da publicação da lei reputada inconstitucional, já que o objeto do MS é o ato ainda a ser praticado, descabendo cogitar-se de impetração preventiva intempestiva.

---

[96] MACHADO, Hugo de Brito. *Mandado de segurança em matéria tributária*, 2009, op. cit., p. 59.

Nesse sentido, já se manifestou o STJ em recente decisão:

> PROCESSUAL CIVIL E TRIBUTÁRIO. MANDADO DE SEGURANÇA PREVENTIVO. DECADÊNCIA. CRÉDITO PRESUMIDO DE IPI COMO RESSARCIMENTO DAS CONTRIBUIÇÕES AO PIS/PASEP E COFINS. LEI N. 9.363/1996. INTERRUPÇÃO PELO ART. 12, DA MP N. 2.158/35, DE 2001.
> 1. Em se tratando de mandado de segurança preventivo, com o objetivo de afastar a autuação da administração fazendária contra o creditamento referente ao período de suspensão estabelecido pelo art. 12, da Medida Provisória n. 2.15835, de 2001, do benefício de crédito presumido de IPI como ressarcimento das contribuições ao PIS/PASEP e COFINS (art. 1º, da Lei n. 9.363/1996), é inaplicável o prazo decadencial de 120 dias previsto no art. 18 da Lei n. 1.553/1951.
> 2. Recurso especial provido.[97]

## Legitimidade *ad causam*

### LEGITIMIDADE ATIVA

Essencial para entender a questão da legitimidade *ad causam*, tanto ativa quanto passiva, é o conceito de personalidade judiciária. Assim o explica Hely Lopes Meirelles:

> Não só as pessoas físicas e jurídicas podem utilizar-se e ser passíveis de mandado de segurança, como também os órgãos públicos despersonalizados, mas dotados de capacidade processual, como as Chefias dos Executivos, as Presidências das

---

[97] BRASIL. Superior Tribunal de Justiça. Segunda Turma. REsp nº 1.121.270/RS. Relator: ministro Mauro Campbell Marques. Julgamento em 22 de março de 2011. *DJ*, 31 mar. 2011.

Mesas dos Legislativos, os Fundos Financeiros, as Comissões autônomas, as Superintendências de Serviços e demais órgãos da Administração centralizada ou descentralizada que tenham prerrogativas ou direitos próprios a defender.

Isto porque a personalidade jurídica é independente da personalidade judiciária. Basta a personalidade judiciária, isto é, a possibilidade de ser parte para defesa de direitos próprios ou coletivos.[98]

Legitimado a impetrar mandado de segurança tributário será o sujeito passivo do vínculo obrigacional a que se refere o ato impugnado, portanto, o titular do direito supostamente violado.

O art. 3º da Lei nº 12.016/2009 criou hipótese de substituição processual, possibilitando ao titular de direito decorrente (legitimado extraordinariamente) impetrar mandado de segurança, na omissão daquele que integra o vínculo material (legitimado ordinariamente), "se o seu titular não o fizer no prazo de 30 dias quando notificado judicialmente". O parágrafo único do referido artigo deixa claro que o exercício do direito em questão se submete ao prazo de 120 dias, contado da notificação. Exemplifica-se a aplicação do aludido permissivo com o caso do inquilino de imóvel, que, embora obrigado por disposição contratual a assumir a responsabilidade pelo pagamento do IPTU, carece de legitimação ordinária para discutir o vínculo tributário respectivo.

Analisando os precedentes da matéria, o STF, nos autos do RE nº 175.401/SP, envolvendo mandado de segurança coletivo impetrado com fundamento na alínea "b" do inciso LXX do art. 5º da CRFB/1988 por sindicato, requerendo a exoneração das

---

[98] MEIRELLES, Hely Lopes. *Mandado de segurança*. 31. ed. atual. Arnoldo Wald e Gilmar Ferreira Mendes. São Paulo: Malheiros, 2008.

empresas por ele agregadas de contribuírem para o PIS na forma dos decretos-lei nº 2.445/1998 e nº 2.449/1988), decidiu pela

> legitimidade para a postulação em tela, porquanto evidenciado que se está diante de direito subjetivo, não apenas comum aos integrantes da categoria, mas também inerente a esta, concorrendo, de outra parte, uma manifesta relação de pertinência entre o interesse nele subjacente e os objetivos institucionais da entidade impetrante. Irrelevância da circunstância de não se tratar, no caso, de exigência fiscal referida, com exclusividade, à categoria sob enfoque.[99]

A decisão de mérito proferida em mandado de segurança tributário impetrado por substituto processual não fará coisa julgada em relação ao titular do direito originário, sujeito passivo do vínculo obrigacional tributário, pois não poderia o mesmo ver prejudicada sua pretensão em face da Fazenda Pública, manejada na via ordinária, por não ter exercido – de forma legítima – seu direito à impetração, pouco importando que outrem o tenha feito.

## Legitimidade passiva

Conforme se depreende da lição de James Marins,[100] "é autoridade coatora qualquer autoridade pública ou agente de pessoa jurídica no exercício de atribuições do Poder Público". Assim, "não pode ser autoridade coatora aquela que edita norma geral e abstrata, mas sim a que executa ou manda executar o ato causador da insatisfação do impetrante".

---

[99] BRASIL. Supremo Tribunal Federal. Primeira Turma. RE nº 175.401/SP. Relator: ministro Ilmar Galvão. Julgamento em 10 de maio de 1996. *DJ*, 20 set. 1996.

[100] MARINS, James. *Direito processual tributário brasileiro (administrativo e judicial)*. 5. ed. São Paulo: Dialética, 2010. p. 500.

É necessário esclarecer que autoridade coatora é a pessoa que ordena a prática concreta ou a abstenção, impugnáveis pela via mandamental, e não aquela que meramente cumpre as ordens que lhe são dadas.

O importante, quanto à legitimidade ativa ou passiva no mandado de segurança, é a já mencionada personalidade judiciária,[101] ou seja, a capacidade para postular ou ser demandado em juízo.

TEORIA DA ENCAMPAÇÃO

De acordo com lição de James Marins:

> [...] em nome da efetividade do *writ*, apresentam-se ao menos três alternativas. A primeira, conhecida como "teoria da encampação", sustenta que se a autoridade de nível hierárquico superior apontada como coatora apresenta informações dizendo-se parte legítima, mas, ao mesmo tempo, sustenta a legalidade do ato objeto da segurança, "encampa" a autoria do ato coator e, desse modo, deve legitimar-se na condição de impetrada. A segunda possibilidade que se abre é que cumpre ao juiz intimar de ofício o impetrante para que esse retifique a indicação da autoridade impetrada, em emenda à inicial. Essa solução figurou expressamente no regime da Lei n. 12.016/2009, mas foi objeto de veto presidencial [...]. No entanto, caso a urgência da medida evidencie que haverá risco de dano irreparável durante o lapso temporal necessário para o procedimento de intimação do impetrante e sua resposta no prazo fixado, torna-se imperativo – como propõe Hugo de Brito Machado – que o próprio Juiz, ao perceber que houve equívoco na indicação

---

[101] MEIRELLES, Hely Lopes. *Mandado de segurança*, 2008, op. cit., p. 27.

da autoridade impetrada, determine a notificação de ofício da autoridade que entenda como coatora.[102]

Destacamos, a seguir, decisões do STJ, uma utilizando e outra não utilizando a teoria da encampação.

MANDADO DE SEGURANÇA. SERVIDOR PÚBLICO CIVIL. MINISTRO DE ESTADO DO PLANEJAMENTO, ORÇAMENTO E GESTÃO. LEGITIMIDADE PASSIVA *AD CAUSAM*. TEORIA DA ENCAMPAÇÃO. PRESCRIÇÃO DO FUNDO DE DIREITO. INOCORRÊNCIA. SÚMULA Nº 85/STJ. EXERCÍCIO DE FUNÇÕES COMISSIONADAS ENTRE 8/4/1998 E 4/9/2001. QUINTOS. DÉCIMOS. INCORPORAÇÃO. POSSIBILIDADE.
1. Na hipótese em exame, ao prestar suas informações, o Ministro de Estado do Planejamento, Orçamento e Gestão assumiu a defesa do ato praticado pela autoridade subordinada, no caso o Secretário de Recursos Humanos do respectivo órgão, também apontado como autoridade coatora e que é a pessoa diretamente responsável pela prática do ato coator. Assim, em observância à teoria da encampação, é ele parte legítima para figurar no polo passivo desse *mandamus*.
2. Em se tratando de ato omissivo continuado da Administração Pública, qual seja, a falta de pagamento das parcelas de quintos adquiridas pelo exercício de cargos comissionados no período compreendido entre a edição da Lei nº 9.624, de 8.4.1998 e a publicação da MP nº 2.225-45/2001, em 4.9.2001, não há falar em prescrição do fundo de direito, mas, sim, de relação de trato sucessivo, a atrair a incidência do enunciado nº 85/STJ.
3. Este Superior Tribunal de Justiça firmou entendimento, no âmbito da Terceira Seção, no sentido de que é possível a

---

[102] MARINS, James. *Direito processual tributário brasileiro (administrativo e judicial)*, 2010, op. cit., p. 501.

incorporação de quintos, em relação ao exercício da função comissionada, no período de 08 de abril de 1998 – data do início da vigência da Lei nº 9.624/1998 – até 04 de setembro de 2001 – data da publicação da MP nº 2.225-45/01.
4. Ordem concedida. [103]

PROCESSUAL CIVIL. MANDADO DE SEGURANÇA. ILEGITIMIDADE DA AUTORIDADE COATORA. INAPLICABILIDADE DA TEORIA DA ENCAMPAÇÃO. MANIFESTA INCOMPETÊNCIA DO STJ.
1. Cuida-se de mandado de segurança impetrado contra suposto ato do Ministro de Estado da Fazenda, consubstanciado em Ato Declaratório Executivo, que impossibilita ao impetrante desempenhar a atividade de despachante aduaneiro.
2. Nos termos do art. 76, § 8º Lei n. 10.833, de 2003, a competência para aplicar as penalidades previstas na legislação aduaneira aos intervenientes nas operações de comércio exterior é do Chefe da Unidade da Secretaria da Receita Federal do Brasil.
3. O ato de descredenciamento foi praticado pelo Inspetor-Chefe da Alfândega da Receita Federal do Brasil do Porto de Itajaí, sendo manifesta a ilegitimidade passiva do Ministro de Estado da Fazenda, o que afasta a competência do Superior Tribunal de Justiça para o julgamento da demanda, conforme dispõe o art. 105, inciso I, alínea "b", da Constituição Federal.
4. Inaplicabilidade da teoria da encampação, porquanto a autoridade tida por coatora não defendeu o mérito do ato administrativo. Precedentes: EDcl no MS 13.101/DF, Rel. Ministra Eliana Calmon, Primeira Seção, DJe 25/05/2009.
Segurança denegada. Agravo regimental prejudicado. [104]

---

[103] BRASIL. Superior Tribunal de Justiça. Terceira Seção. MS nº 13.947/DF. Relatora: ministra Maria Thereza de Assis Moura. Julgamento em 25 de maio de 2011. *DJe*, 2 jun. 2011.
[104] BRASIL. Superior Tribunal de Justiça. Primeira Seção. MS nº 17.448/DF. Relator: ministro Humberto Martins. Julgamento em 9 de novembro de 2011. *DJe*, 22 nov. 2011.

É importante destacar que a questão central do MS é garantir o direito líquido e certo do impetrante, não podendo tal direito ser submetido a burocracias processuais excessivas.

## Competência

A competência para as ações mandamentais é definida, em caráter absoluto, pela sede da autoridade coatora, isto é, pelo local onde esta exerce seu múnus. Tratando-se de autoridade federal ou a ela equiparada, incidirá o comando constitucional do art. 109, VIII, sendo a competência da Justiça Federal. Nesse sentido, já se manifestou o STJ:

> CONFLITO POSITIVO DE COMPETÊNCIA. MANDADO DE SEGURANÇA. CONSELHO REGIONAL DE MEDICINA VETERINÁRIA DO ESTADO DE SÃO PAULO. ATOS DE INTERVENTOR NOMEADO POR DECISÃO JUDICIAL. PROCESSO ELEITORAL. COMPETÊNCIA DO JUÍZO FEDERAL DO LOCAL DA SEDE FUNCIONAL DO CONSELHO REGIONAL. PRECEDENTES DO STJ.
>
> 1. A atividade de interventor, no exercício de mister que lhe foi atribuído por decisão judicial, mas representando integralmente o Conselho Regional de Medicina e Veterinária do Estado de São Paulo, por englobar atos de mera gestão em harmonia com as normas inscritas no ordenamento estatutário e regras reguladoras da eleição da entidade corporativa, sem qualquer imposição de prestar contas à autoridade judiciária que o nomeou, é passível de questionamento e impugnação judiciais no âmbito do juízo local competente.
>
> 2. *A jurisprudência do STJ uniformizou-se no sentido de que a competência para processar e julgar mandado de segurança define-se de acordo com a categoria da autoridade coatora e pela sua sede funcional, sendo irrelevante a natureza do ato impugnado, por dizer*

*respeito à competência absoluta.* Precedentes: CC n. 31.210-SC, Segunda Seção. Relator Ministro CASTRO FILHO, In: DJ de 26 de abril de 2004; CC n. 43.138-MG, Primeira Seção, relator Ministro JOSÉ DELGADO, In: DJ de 25 de outubro de 2004; CC n. 41.579-RJ, Primeira Seção. Relatora Ministra DENISE ARRUDA, In: DJ de 24 de outubro de 2005.
3. Conflito conhecido para declarar competente o Juízo Federal da 1ª Vara da Seção Judiciária do Estado de São Paulo, restando prejudicado o agravo regimental por perda do objeto.[105]

No caso de impetração contra ato complexo, a ensejar que duas ou mais autoridades sejam notificadas a prestar informações, será competente o foro do lugar de ocupação da autoridade de mais alta hierarquia.

## Liminar

A liminar, em mandado de segurança, vem a ser a suspensão do ato que motivou a impetração, "quando for relevante o fundamento e do ato impugnado puder resultar a ineficácia da medida, caso seja deferida" (Lei nº 12.016/2009, art. 7º, III).

A parte final do mencionado art. 7º, III, da Lei nº 12.016/2009 determina ser "facultado exigir do impetrante caução, fiança ou depósito, com o objetivo de assegurar o ressarcimento à pessoa jurídica".

Na lição de James Marins,

> ofende o regime constitucional facultar contra cautelaridade em sede de ação constitucional quando presentes os pressupostos

---

[105] BRASIL. Superior Tribunal de Justiça. Primeira Seção. CC nº 57249/DF. Relator: ministro João Otávio de Noronha. Julgamento em 9 de agosto de 2006. *DJ*, 28 ago. 2006, grifo nosso.

para impetração e para a medida liminar (que no mandado de segurança é claramente antecipatória), sobretudo quando estiverem em jogo direitos fundamentais, inclusive aqueles de natureza econômica, como ocorre amiúde em matéria fiscal.[106]

De fato, a liminar em mandado de segurança, que só será concedida a requerimento da parte, não pode ser condicionada, pois constitui direito subjetivo do contribuinte, desde que restem comprovados os pressupostos que a autorizam. Decisões do tipo "defiro a liminar, mediante o depósito", comuns na prática judiciária, se revelam em desconformidade com o ordenamento jurídico, uma vez que:

1) o depósito e a liminar em mandado de segurança são causas distintas de suspensão da exigibilidade do crédito tributário, como se infere do art. 151, II e IV, do CTN;
2) quando requer a liminar em mandado de segurança sem aludir a depósito, não pode o contribuinte ser compelido a fazê-lo, assistindo-lhe o direito de obter pronunciamento judicial sobre sua pretensão de suspensão da exigibilidade do crédito tributário por ato judicial;
3) se realizado o depósito integral pelo contribuinte, a suspensão da exigibilidade do crédito será automática e independente de manifestação judicial nesse sentido;
4) trata-se de decisão que, em verdade, estará indeferindo a liminar perseguida e, o pior, sem a devida fundamentação, sendo, portanto, nula (CRFB/1988, art. 93, IX).

Dessa forma, entre as disposições presentes na nova lei do mandado de segurança, destaca-se, de forma negativa, essa

---

[106] MARINS, James. *Direito processual tributário brasileiro (administrativo e judicial)*, 2010, op. cit., p. 515.

faculdade, conferida ao magistrado, de condicionar a concessão de liminar à prestação de caução, que representa afronta ao princípio da igualdade, ao menos por dois enfoques.

Em primeiro lugar, cria-se uma desigualdade de procedimento, pois coloca-se o Estado em uma posição jurídico-processual privilegiada quando comparada à do particular. Somente nas demandas contra o Estado, poderá o juiz, de acordo com critérios não expressos na lei, condicionar a concessão de liminar a um novo elemento, inexigível nas relações entre entes privados. Ao lado do perigo da demora e da plausibilidade do direito alegado, figuraria como requisito a segurança econômica do impetrante, este último dissonante com um Poder Judiciário republicano. Ademais, inaugura-se uma desigualdade no procedimento e uma cisão entre os particulares: apenas aqueles que possuem condições econômicas de suportar a exigência de caução poderão obter provimento de urgência. Aos demais, restaria aguardar toda a tramitação do processo. Como se sabe, essa espera pode significar o prolongamento indevido de uma situação ilícita, ou até mesmo o perecimento do direito perseguido em juízo.

Além da incompatibilidade com a Constituição, a lei apresenta uma contradição interna: a despeito de propor um procedimento que dispensa o pagamento de custas, seu principal trunfo (a liminar) pode ser condicionado à garantia em juízo de um valor fixado ao talante do magistrado.

No que tange ao direito tributário, a liminar deferida em mandado de segurança suspende a exigibilidade do crédito tributário, nos termos do art. 151, IV, do CTN.

Ao contrário do que foi entendido durante muito tempo, não mais se discute a possibilidade de a liminar impedir o fisco de efetuar o lançamento do crédito tributário para prevenir a decadência.

Assim, concedida a liminar, ficará o fisco impedido apenas de exigir o crédito tributário, e não de constituí-lo, se ainda não o tiver feito, pois o prazo decadencial de que cuida o art. 173 do CTN – ou art. 150, § 4º, se o tributo for sujeito a lançamento por homologação – não se suspenderá ou interromperá em virtude do fato. Prolatada sentença denegatória da segurança, que terá efeito *ex tunc*, perderá a liminar seu efeito, a teor da Súmula nº 405/STF, possibilitando ao fisco exigir o tributo corrigido monetariamente e acrescido de juros de mora, os quais não incidem a título de sanção, mas de remuneração do capital pelo tempo em que a Fazenda dele esteve privada. Por isso, muitos contribuintes, já beneficiados por liminar suspendendo a exigibilidade do crédito que discutem, receosos quanto ao desfecho final do *mandamus*, efetuam o depósito do montante integral daquele, transferindo, a partir de então, a responsabilidade pela remuneração do capital à instituição financeira depositária.

No que tange à imposição de multa após a perda dos efeitos da medida liminar, consideramos a mesma devida, haja vista que decorre da mora no pagamento, objetivamente considerada.

Privilegiar o contribuinte que recorreu ao Judiciário, obteve a liminar e, ao final, viu sua tese derrotada, é estimular pretensões temerárias, que, à primeira vista, podem impressionar e motivar a suspensão da exigibilidade do crédito fiscal, mas que, no fim, acabam sepultadas pela orientação jurisprudencial dominante.

Não há razão lógica para discriminar o contribuinte que recolheu o tributo com atraso, e o fez suportando a multa incidente, beneficiando-se aquele que pagou longos anos depois, finda a ação judicial em que saiu derrotado, tempo em que provavelmente manteve o dinheiro aplicado e rendendo juros por vezes em percentual maior do que o dos juros devidos ao fisco.

Se o contribuinte busca a suspensão da exigibilidade do crédito em juízo por medidas outras que não o depósito, deverá suportar os riscos inerentes a tal conduta, entre os quais a penalidade moratória em caso de derrota na ação judicial.

É bem verdade que autores renomados defendem posição inversa ao argumento de que o contribuinte que recorre ao Judiciário e, além disso, obtém decisão liminar suspendendo a exigibilidade do crédito tributário, não pode ser punido com a imposição de multa posterior, por não ter cometido nenhum ilícito.

Entretanto, a validade dessa tese é apenas aparente. É que a multa tributária não incide, *in casu*, pelo acesso ao Judiciário, a toda evidência. Consiste ela em mera consequência da mora, que no campo tributário deriva do simples não recolhimento do tributo no prazo legalmente fixado a tanto, seja qual for o motivo determinante da falta, expressão exata do art. 161 do CTN.

A concessão da liminar, em mandado de segurança, porque suspende a exigibilidade do crédito, torna, naturalmente, suspensos também os efeitos da mora. Denegada a segurança, os efeitos da sentença retroagem (Súmula nº 405/STF), de forma a impedir a invocação, em benefício do contribuinte, da liminar outrora concedida. Dessa forma, de acordo com a jurisprudência do STJ, não há como se afastar a imposição de multa ao impetrante, não por ter acorrido ao Judiciário, mas por estar em mora no seu dever jurídico-tributário.

> TRIBUTÁRIO. RECURSO ESPECIAL. FINSOCIAL. COMPENSAÇÃO. CASSAÇÃO DE LIMINAR EM MANDADO DE SEGURANÇA. INCIDÊNCIA IMEDIATA DA MULTA MORATÓRIA. PRECEDENTES.
> 
> 1. Trata-se de recurso especial interposto pela Fazenda Nacional requerendo a reforma do aresto objurgado a fim de que seja reconhecido o cabimento de multa moratória decorrente da cassação de liminar que autorizara a compensação do FINSOCIAL.
> 
> 2. Retornando os fatos ao *status quo ante*, em razão da cassação da liminar anteriormente deferida, cabe ao Fisco a cobrança do crédito tributário na sua integralidade, inclusive quanto aos encargos decorrentes da mora.

*3. Com a cessação dos efeitos da liminar, o contribuinte perdeu a proteção judicial que lhe autorizou o recolhimento do FINSOCIAL. Restabeleceu-se, portanto, a sua condição de devedor da contribuição sobre os fatos geradores ocorridos no período abrangido pela medida judicial, advindo de tal circunstância a responsabilidade por todos os ônus decorrentes do descumprimento da obrigação tributária, entre eles, a multa moratória.*

4. Precedentes: Resp nº 636.256-PR, Relator: Ministro Luiz Fux, DJ de 06 de dezembro de 2004; Resp 586.883-MG, Relator: Ministro Teori Albino Zavascki, unânime, DJ de 28 de abril de 2004.

5. Recurso especial provido.[107]

No âmbito federal o tema não comporta discussão, pois vigora o art. 63 da Lei nº 9.430/1996,[108] que determina que nos 30 dias após o término da causa suspensiva de exigibilidade não incidirá multa de mora.

Tal preceito só merecerá invocação quando o contribuinte se tenha valido da liminar ainda no prazo para recolher o tributo discutido, pois, do contrário, a suspensão da exigibilidade do crédito teria, em descompasso com a sistemática tributária contida no CTN, efeito similar ao da anistia, que é modalidade de exclusão do crédito tributário referente à infração (art. 175, II, do CTN).

---

[107] BRASIL. Superior Tribunal de Justiça. Primeira Turma. REsp nº 834.715/MG. Relator ministro José Delgado. Julgamento em 20 de junho de 2006. *DJ*, 3 ago. 2006, grifo nosso.
[108] Lei nº 9.430/1996: "Art. 63. Não caberá lançamento de multa de ofício na constituição do crédito tributário destinada a prevenir a decadência, relativo a tributos e contribuições de competência da União, cuja exigibilidade houver sido suspensa na forma do inciso IV do art. 151 da Lei nº 5.172, de 25 de outubro de 1966. § 1º. O disposto neste artigo aplica-se, exclusivamente, aos casos em que a suspensão da exigibilidade do débito tenha ocorrido antes do início de qualquer procedimento de ofício a ele relativo. § 2º. A interposição da ação judicial favorecida com a medida liminar interrompe a incidência da multa de mora, desde a concessão da medida judicial, até 30 dias após a data da publicação da decisão judicial que considerar devido o tributo ou contribuição".

## Sentença. Cumprimento. Coisa julgada

A sentença proferida no mandado de segurança, que concede a ordem requerida pelo contribuinte, conterá um mandamento, uma ordem a ser observada pela autoridade impetrada, não comportando execução, mas, simplesmente, expedição de ofício (ou mandado) para cumprimento, a teor do art. 13 da Lei nº 12.016/2009.

A sentença concessiva da ordem está sujeita ao duplo grau de jurisdição, estendendo-se à autoridade coatora o direito de recorrer (art. 14 e parágrafos da Lei nº 12.016/2009) e pode ser executada provisoriamente salvo nos casos em que for vedada a concessão da liminar (art. 14, § 3º, da Lei nº 12.016/2009). Em sede de mandado de segurança, tem-se que o reexame necessário afasta-se da natureza jurídica que lhe é atribuída na previsão geral do art. 475 do CPC, consistente em "condição suspensiva de eficácia da sentença".

A sentença denegatória da segurança, por seu turno, uma vez transitada em julgado, somente ensejará a renovação da pretensão, ainda que pela via ordinária, se não houver apreciado o mérito da impetração. É o que se extrai, a *contrario sensu*, da regra do art. 6º, § 6º, da Lei nº 12.016/2009.

Há quem sustente, todavia, a aplicação irrestrita do comando jurisprudencial contido na Súmula nº 304/STF, no sentido de que "decisão denegatória de mandado de segurança, não fazendo coisa julgada contra o impetrante, não impede o uso da ação própria".

Seabra Fagundes, em posicionamento atualmente minoritário, afirma que mesmo apreciando o mérito da impetração, a sentença denegatória não impede que se renove o pleito por outra via. Justifica sua tese argumentando que o que faz coisa julgada material é a parte dispositiva da sentença, a qual, no mandado de segurança denegado, resume-se à negativa da ordem pleiteada, não abrigando a declaração de inexistência do direito do impetrante, que poderia ser invocado em outra demanda. Já Hely Lopes Meirelles entende de forma diversa:

> Daí não se pode concluir, *data vênia* dos que entendem em contrário, que, sendo a segurança denegada por qualquer motivo, ficará aberta a via ordinária para a reapreciação da mesma questão. Não nos parece assim, porque tal exegese conduz à negação da *coisa julgada*, pelo só fato de a decisão ser contrária à pretensão do impetrante. O que a lei ressalva é a composição dos danos pelas vias ordinárias, exatamente porque essa indenização não pode ser obtida em mandado de segurança. Por outro lado, assinala o legislador que o interessado poderá renovar o pedido em outro mandado, enquanto o juiz não o denegar pelo mérito.[109]

Voltando ao entendimento anterior, Seabra Fagundes entende possível a discussão em nova via:

> Porque a denegação da segurança importa negar que o direito seja líquido e certo, porém não a existência de um direito sem essa qualidade de liquidez e certeza. Logo, se um direito sem tais requisitos pode existir, não obstante a denegação, deve-se supor cabível, em princípio, a ação ordinária.[110]

Não é, portanto, possível isolar o mandado de segurança da classificação genérica das ações, como se a pretensão mandamental não pudesse, caso a caso, como bem esclarece Barbosa

---

[109] MEIRELLES, Hely Lopes. *Mandado de segurança*, 2008, op. cit., p. 114.
[110] FAGUNDES, Miguel Seabra. *O controle dos atos administrativos pelo Poder Judiciário*. 4. ed. Rio de Janeiro: Forense, 1967. p. 306.

Moreira,[111] ser considerada declaratória, constitutiva ou condenatória, de acordo com o teor do pedido. Quanto ao mandado de segurança em sua feição declaratória:

> PROCESSUAL CIVIL – MANDADO DE SEGURANÇA – COMPENSAÇÃO DE TRIBUTOS – EFEITOS PRETÉRITOS – PROVA PRÉ-CONSTITUÍDA DOS VALORES TIDOS COMO INDEVIDAMENTE RECOLHIDOS – NECESSIDADE – PRECEDENTES STJ.
> 1. Esta e.g. Corte reconhece o mandado de segurança como meio hábil para a declaração da compensabilidade de créditos tributários formados em período pretérito à data da impetração, desde que haja a prova pré-constituída dos valores tidos como indevidamente recolhidos.[112]

Se o impetrante visa apenas pleitear ao juiz a declaração da nulidade de ato do Poder Judiciário, a ação será puramente declaratória. Ao contrário, se a pretensão consiste em ver anulado um ato desse gênero, e, portanto, modificada a relação jurídica que se criou com sua edição, terá natureza constitutiva. Finalmente, se o que se deseja é a imposição de alguma prestação, algum comportamento comissivo ou omissivo à autoridade, então estaríamos diante de hipótese de ação condenatória.

A peculiaridade do *mandamus* – ação de conhecimento como qualquer outra – reside apenas no rito e na forma como se efetiva o comando emanado de sua sentença, não ostentando tais especificidades tamanha relevância, a ponto de afastar os efeitos próprios decorrentes da coisa julgada material correlata, contra ou a favor do contribuinte.

---

[111] MOREIRA, José Carlos Barbosa. Questões velhas e novas em matéria de classificação das sentenças. In: ____. *Temas de direito processual*: oitava série. São Paulo: Saraiva, 2004. p. 133-141.
[112] BRASIL. Superior Tribunal de Justiça. Segunda Turma. REsp nº 982. 514/PE. Relatora: ministra Eliana Calmon. Julgamento em 21 de outubro de 2008. *DJe*, 18 nov. 2008.

Dessa forma, entendemos, como a ilustrada maioria, que a sentença denegatória da segurança, apreciando o mérito da impetração, uma vez transitada em julgado não permite ao contribuinte renovar a discussão na mesma seara mandamental ou em qualquer outra (ação declaratória, embargos à execução fiscal etc.).

Por outro lado, denegada a segurança sem o exame da lide, exemplificativamente por ter entendido o julgador que os fatos alegados na inicial não estavam suficientemente demonstrados, novo mandado de segurança poderá ser impetrado – desde que venha a inicial acompanhada de novas provas e não haja decorrido o prazo de 120 dias – ou mesmo poderá o interessado fazer valer sua pretensão na via ordinária, a fim de que, produzindo novos elementos de convicção no curso do processo, venha a ensejar a apreciação judicial do *meritum causae*. Não importa, neste último caso, que o juiz tenha denegado a segurança sem ressalvar expressamente a utilização de outro remédio, faculdade que é mera decorrência da inexistência, na espécie, de coisa julgada material.

## Coisa julgada e relação jurídica continuativa

Em se cogitando de sentença mandamental, tem sido muito discutida também a eficácia da coisa julgada aos casos futuros, notadamente em relação à obrigação tributária de gênese periódica entre seus sujeitos. Hugo de Brito Machado denomina relação jurídica continuativa aquela "peculiar aos tributos relacionados a ocorrências que se repetem, formando uma atividade mais ou menos duradoura".[113]

A questão é saber se existe o mandado de segurança normativo. Sobre o tema, Celso Ribeiro Bastos assim se pronunciou:

---

[113] MACHADO, Hugo de Brito. *Temas de direito tributário II*. São Paulo: RT, 1994. p. 221.

Trata-se de emprestar força à decisão proferida de tal sorte que ela dirima a controvérsia *sub judice*, dando uma solução a ser feita valer não apenas na hipótese presente, mas todas as vezes que uma idêntica se repetir no futuro.

A segurança faz coisa julgada a ser respeitada nas múltiplas hipóteses que venham a se enquadrar nos limites da decisão revestida de tal força.[114]

Veja o seguinte julgado do STF:

EMENTA: AGRAVO REGIMENTAL NO RECURSO EXTRAORDINÁRIO. MANDADO DE SEGURANÇA. ORDEM GENÉRICA. IMUNIDADE TRIBUTÁRIA. 1. Não houve, no caso, concessão de ordem genérica pela via do mandado de segurança. Nele ficou definida a situação de imunidade tributária que impede o poder de tributar enquanto observados os requisitos da sua fruição. 2. Agravo regimental a que se nega provimento.[115]

No tocante a tributos como o ICMS, cuja relação jurídico-tributária é continuativa, originando inúmeras obrigações tributárias sucessivas, não se revela razoável entender-se que, havendo exigência administrativa despida de fundamento razoável, tenha o contribuinte de impetrar um mandado de segurança autônomo para afastá-la a cada saída de mercadoria de seu estabelecimento (momento que marca, em regra, o nascimento do vínculo jurídico tributário em questão).

Embora se tenha por regra geral que a decisão judicial não pode ter eficácia normativa, não abrangendo a coisa julgada

---

[114] BASTOS, Celso Ribeiro. *Reflexões, estudos e pareceres de direito público*. Rio de Janeiro: Forense, 1984. p. 70.
[115] BRASIL. Supremo Tribunal Federal. Segunda Turma. RE-AgR nº 481.364/SP. Relator: ministro Eros Grau. Julgamento em 9 de outubro de 2007. *DJ*, 30 nov. 2007.

eventos futuros, a sentença proferida com efeitos declaratórios gera efeitos até que sobrevenha nova legislação sobre o tema, desde que preservada a substância dos aspectos fáticos em que se escorou aquele provimento jurisdicional.

Valendo o mesmo raciocínio para o mandado de segurança preventivo, que ostenta, na verdade, natureza declaratória, tem-se que sentença mandamental, impondo a abstenção de ato reputado lesivo ao direito subjetivo do impetrante, acabará impedindo o atuar administrativo em todos os casos futuros que venham a ensejá-lo.[116]

## A SUCUMBÊNCIA NO MANDADO DE SEGURANÇA

Assina-se que, em mandado de segurança, não cabe condenação em honorários advocatícios, conforme a orientação jurisprudencial cristalizada nas súmulas nº 512/STF e nº 105/STJ.[117] Embora a questão esteja resolvida no âmbito jurisprudencial, em razão das súmulas supramencionadas, cumpre salientar que há vozes destoantes na doutrina, destacando o posicionamento, contrário às súmulas, do professor Hugo de Brito Machado,[118] para quem a ausência de sucumbência no mandado de segurança seria injusta na medida em que o vencedor, sendo a autoridade coatora, ou o impetrante, terá de arcar com os custos de proteger-se de uma ilegalidade ou abuso de direito no caso deste, ou de defender-se contra um processo em que realizou ato plenamente legal. O referido autor sugere que o impetrante pode,

---

[116] BRASIL. Superior Tribunal de Justiça. Primeira Turma. REsp nº 742.413/MG. Relator: Ministro Teori Albino Zavascki. Julgamento em 18 de novembro de 2008. *DJe*, 24 nov. 2008.

[117] Súmula nº 512/STF: "Não cabe condenação em honorários de advogado na ação de mandado de segurança". Súmula nº 105/STJ: "Na ação de mandado de segurança não se admite condenação em honorários advocatícios".

[118] MACHADO, Hugo de Brito. *Mandado de segurança em matéria tributária*. 9. ed. São Paulo: Dialética, 2009b. p. 210.

posteriormente, ajuizar ação de cobrança dos valores gastos para impetração do MS.[119] Não obstante tal entendimento, seguem preponderantes as referidas súmulas nº 512/STF e nº 105/STJ.

## POSSIBILIDADE IRRESTRITA DE DESISTÊNCIA UNILATERAL DO MANDADO DE SEGURANÇA

No que concerne à possibilidade de desistência unilateral do MS, isto é, sem necessidade de concordância da parte adversa, em 2013 o Plenário do STF, através do julgamento do RE nº 669.367/RJ, com repercussão geral reconhecida, reafirmou que a desistência do mandado de segurança é uma prerrogativa de quem o propõe e pode ocorrer a qualquer tempo, sem anuência da parte contrária e independentemente de já ter havido decisão de mérito, ainda que favorável ao autor da ação.

Destaca-se que a decisão ocorreu no julgamento do RE nº 669.367/RJ,[120] com repercussão geral reconhecida, em que se questionava decisão do Superior Tribunal de Justiça (STJ),[121] que não admitiu a desistência de mandado de segurança, entendendo que seria impossível a desistência unilateral do *mandamus* após prolação da sentença.

---

[119] Ibid., p. 212.
[120] Publicado no *DJe*, 30 out. 2014. O entendimento foi majoritário e contou com os votos dos seguintes ministros: Rosa Weber (relatora para o acórdão), Dias Toffoli, Cármen Lúcia, Gilmar Mendes, Celso de Mello e Ricardo Lewandowski, vencidos os ministros Luiz Fux e Marco Aurélio.
[121] BRASIL. Superior Tribunal de Justiça. Primeira Seção. AgRg no AgRg no REsp nº 928.453/RJ. Julgamento em 8 de junho de 2011. *DJe*, 14 jun. 2011. O STJ assentou a inadmissibilidade da desistência, ainda que a mencionada decisão seja favorável ao impetrante, porquanto não se poderia permitir a qualquer das partes, por ato de inteira disposição de vontade, proceder à revogação ou ao cancelamento de decisão de mérito formalizada pelo Poder Judiciário. Fez ver que a jurisprudência é no sentido da inviabilidade de transformar-se a sentença com resolução de mérito em pronunciamento terminativo, por meio de ato unilateral praticado pelo recorrente, depois de efetuada a entrega da tutela jurisdicional, sob pena de violação ao princípio da segurança jurídica. Concluiu o STJ somente ser possível o pedido de desistência em momento anterior à decisão de mérito.

De acordo com recente posicionamento firmado pelo STF, por maioria, o mandado de segurança é uma ação dada ao cidadão contra o Estado e, portanto, não gera direito à autoridade pública coatora, pois seria "intrínseco na defesa da liberdade do cidadão".[122]

A posição majoritária do tribunal entendeu que "o mandado de segurança, enquanto ação constitucional, é uma ação que se funda no alegado direito líquido e certo frente a um ato ilegal ou abusivo de autoridade" (ministra Rosa Weber),[123] destacando que eventual má-fé na desistência deve ser coibida por meio de instrumento próprio, avaliando cada caso.

Ponderou-se no voto vencido do ministro Luiz Fux que seria "inviável" a desistência da ação quando já houver decisão de mérito, sendo possível apenas renunciar ao direito em que se funda a ação:

> A parte não pode ter o domínio de, depois que o Estado se desincumbiu da prestação judicial, desistir de tudo aquilo quanto induzira o Estado [...] O que não parece razoável é que se possa assentar a possibilidade de a parte desistir do mandado de segurança como regra geral e isso possa ser utilizado para obter benefícios contra o Poder Público.[124]

Diante do posicionamento firmado pelo STF, em repercussão geral, acredita-se que os demais tribunais venham a adotar o referido entendimento.

---

[122] BRASIL. Supremo Tribunal Federal. STF confirma possibilidade de desistência de mandado de segurança após decisão de mérito. Brasília, 2 maio 2013. Disponível em: <www.stf.jus.br/portal/cms/verJulgamentoDetalhe.asp?idConteudo=237565>. Acesso em: 21 ago. 2015.
[123] Ibid.
[124] Ibid.

## Recursos

A apelação contra a sentença de primeiro grau é o recurso típico previsto na Lei nº 12.016/2009 para o rito do mandado de segurança, na dicção do art. 14, *caput*, do referido diploma. Quando se tratar de apelação interposta contra sentença concessiva da segurança, o efeito suspensivo poderá ser excepcionalmente atribuído pelo relator do recurso, por força do preceito do art. 558, parágrafo único, do Código de Processo Civil (CPC).

É de ver-se que, negada a liminar e prolatada sentença denegatória da segurança, eventual efeito suspensivo atribuído à apelação não terá utilidade ao impetrante, salvo se revestir-se de cunho ativo (efeito suspensivo *ativo*), expediente que vem sendo empregado rotineiramente na prática judiciária.

O § 1º do art. 14 da Lei nº 12.016/2009 faz menção ao duplo grau obrigatório de jurisdição. Embora chamado por alguns de *recurso de ofício*, tal instituto processual não se afina com essa natureza, por lhe faltarem as características básicas e os pressupostos dos recursos.

Entendimento sumulado pelos dois principais tribunais pátrios (súmulas nº 169/STJ e nº 597/STF) afastou, por maioria, de votos o cabimento dos embargos infringentes de acórdão que decide o apelo em mandado de segurança, ao argumento de que a aplicação subsidiária da regra correlata do CPC não tem cabimento, diante do silêncio eloquente da Lei nº 1.533/1951. Posteriormente, com o advento da Lei nº 12.016/2009, tal previsão restou expressa, conforme se verifica no seu art. 25.

Com relação ao agravo de instrumento, na vigência da Lei nº 1.533/1951, a jurisprudência vinha admitindo largamente seu cabimento, o que veio a ser expresso na Lei nº 12.016/2009, *in verbis*:

Art. 7º. [...]

§ 1º. Da decisão do juiz de primeiro grau que conceder ou denegar a liminar caberá agravo de instrumento, observado o disposto na Lei nº 5.869, de 11 de janeiro de 1973 – Código de Processo Civil.

Típica decisão interlocutória em mandado de segurança, a ensejar a interposição de agravo de instrumento, é a deferitória ou indeferitória de liminar, bem como a do não recebimento no efeito suspensivo do recurso de apelação em mandado de segurança.[125]

---

[125] "PROCESSUAL CIVIL – AGRAVO REGIMENTAL EM MEDIDA CAUTELAR – ATO JUDICIAL PASSÍVEL DE RECURSO PRÓPRIO. 1. Com o advento da Lei n. 9.139/1995, que introduziu na disciplina do agravo de instrumento o efeito suspensivo, restabeleceu-se o vigor da Súmula 267 do Supremo Tribunal Federal, no sentido de que não cabe mandado de segurança contra ato judicial passível de recurso, aplicável, por analogia, à medida cautelar. 2. Sendo agravável a decisão relativa aos efeitos da apelação, descabida a medida cautelar. 3. Precedentes desta Corte. 4. Agravo regimental a que se nega provimento" (BRASIL. Tribunal Regional Federal. Primeira Região. Primeira Turma. AGRMC 200601000059240. Relator: desembargador Federal José Amilcar Machado. Julgamento em 30 de agosto de 2006. *DJ*, 25 set. 2006, p. 39). "PROCESSUAL CIVIL. PREFEITO DESTITUÍDO DO CARGO. MUNICÍPIO DE PRUDENTÓPOLIS. MEDIDA CAUTELAR. APELAÇÃO EM SEDE DE *MANDAMUS*. EFEITO DEVOLUTIVO. AGRAVO DE INSTRUMENTO. CABIMENTO. MEDIDA CAUTELAR PARA EMPRESTAR EFEITO SUSPENSIVO A RECURSO ESPECIAL. AUSÊNCIA DOS PRESSUPOSTOS DO *FUMUS BONI JURIS* E DO *PERICULUM IN MORA*. 1. Consoante cediço, para concessão de efeito suspensivo a recurso ordinário em *mandamus* é necessária a demonstração do *periculum in mora*, que se traduz na urgência da prestação jurisdicional e do *fumus boni juris*, qual a plausividade do direito alegado. Precedentes do STJ. 2. O recurso adequado contra sentença proferida em *writ* é o de apelação e contra a decisão que define os efeitos do recebimento da apelação (suspensivo ou devolutivo) é o agravo de instrumento, não podendo ser substituído pela propositura de ação cautelar autônoma. 3. É cediço na Corte que 'o recurso de apelação em mandado de segurança contra sentença denegatória possui apenas efeito devolutivo, não tendo eficácia suspensiva, tendo em vista a autoexecutoriedade da decisão proferida no *writ*. 'Só em casos excepcionais de flagrante ilegalidade ou abusividade, ou de dano irreparável ou de difícil reparação, é possível sustarem-se os efeitos da medida atacada no *mandamus* até o julgamento da apelação' (ROMS nº 351-SP, Relator: Ministro Antônio de Pádua Ribeiro). (AgRg no RESP 594.550-SP. In: DJ de 10 de maio de 2004, Relator: Ministro José Delgado). 4. O afastamento da conclusão da ausência de teratologia da decisão, aliado ao pleito de conferir-se efeito ativo ao Recurso Especial através da ação cautelar, impede ao Eg. STJ à cognição de matéria insindicável (Súmula 7/STJ). 5. Medida cautelar improcedente"

## Suspensão da execução da liminar e da sentença

Em caso de decisão concessiva de liminar ou sentença de procedência em mandado de segurança, cabe, a requerimento da pessoa jurídica de direito público interessada, o chamado pedido de suspensão de sua execução, dirigido ao presidente do tribunal *ad quem*, que o deferirá, mediante despacho fundamentado, *para evitar grave lesão à ordem, à saúde, à segurança e à economia pública*, nos termos do art. 15 da Lei nº 12.016/2009. Prevê também esse dispositivo que dessa decisão caberá agravo, sem efeito suspensivo, no prazo de 10 dias, contados da publicação do ato. Machado anota que a suspensão da liminar, ou da sentença, somente é possível se presentes os dois requisitos necessários ao deferimento de medida cautelar, vale dizer, o perigo da demora e a aparência do bom direito.[126]

O STF acabou pacificando entendimento similar, como se vê do seguinte trecho de voto, da lavra do eminente ministro Carlos Velloso, proferido no tempo de vigência da Lei nº 4.348/1964, que regulamentava a questão antes da vigência da Lei nº 12.016/2009, que revogou a anterior:

> Sem renúncia à tese antiga que perfilho, no sentido de que as razões que devem embasar a decisão suspensiva da liminar, são razões políticas – Lei 4.348/64, art. 4º – penso que, na decisão que examina o pedido de suspensão da liminar, impõe-se um mínimo de deliberação do mérito da segurança. É que, se para a concessão da cautelar, examina-se a relevância do fundamento, *o fumus boni iuris*, e *o periculum in mora* (Lei 1.533/51, art. 7º, II),

---

(BRASIL. Superior Tribunal de Justiça. Primeira Turma. MC nº 9.299/PR. Relator: ministro Luiz Fux. Julgamento em 14 de fevereiro de 2006. *DJ*, 13 mar. 2006).
[126] MACHADO, Hugo de Brito. *Mandado de segurança em matéria tributária*. 6. ed. São Paulo, Dialética, 2006. p. 91.

na sua suspensão, que constitui contracautela, não pode o Presidente do Tribunal furtar-se a um mínimo de apreciação daqueles requisitos.[127]

Assim, podemos concluir que a simples análise, pelo Judiciário, da legalidade ou não da cobrança de um tributo, não constitui ameaça à ordem pública, haja vista que, embora constitucionalmente previsto, o poder de tributar da administração não é absoluto, mas balizado nos limites da lei.

A suspensão em questão, portanto, passa a depender não apenas do requisito de *grave lesão* de que cuida o dispositivo legal supracitado, devendo este ser somado ao juízo de probabilidade de que, no mérito e afinal, venha a ser reformada a decisão favorável ao impetrante.

Por isso, entendemos que não se justifica a suspensão da execução da liminar ou da sentença, em mandado de segurança tributário, quando a matéria de fundo estiver pacificada em sede pretoriana a favor do contribuinte impetrante, ainda que se possa vislumbrar, da execução correlata, grave lesão à economia pública. Do contrário, estar-se-ia premiando a ilicitude ou o abuso de poder por parte do fisco, em detrimento de direito a ser inegavelmente reconhecido em sede de decisão mandamental final, o que equivaleria à própria negativa de jurisdição, em violação ao comando constitucional do art. 5º, XXXV.

## Mandado de segurança e compensação

A compensação tributária é modalidade de extinção do crédito tributário com sede genérica nos arts. 156, II, e 170

---

[127] BRASIL. Supremo Tribunal Federal. Tribunal Pleno. SS nº 846 AgR/DF. Relator: ministro Sepúlveda Pertence. Julgamento em 29 de maio de 1996. *DJ*, 8 nov. 1996.

do CTN, e dependente de previsão legal específica da entidade tributante para ser efetivada em relação aos tributos de sua competência.

O STJ sumulou entendimento de que o mandado de segurança constitui ação adequada para a declaração do direito à compensação tributária. A corte mencionada levou em consideração o fato de a administração fiscal federal, através de norma complementar, estar restringindo o direito à compensação tributária, condicionando seu exercício à prévia autorização do agente fiscal competente.

Assim, prevaleceu a tese de que a compensação tributária relacionada a tributos cujo lançamento seja efetuado por homologação é de responsabilidade do próprio contribuinte – como o são as providências tendentes a quantificar a prestação tributária para fins de pagamento antecipado, não se podendo condicionar a efetivação de tal modalidade de extinção do crédito tributário à prévia manifestação positiva do fisco, hipótese em que a eventual mora deste inviabilizaria a medida.

Com isso, dispensável afigurou-se, para fins de compensação de tributos sujeitos a lançamento por homologação, na visão do STJ, o exame contábil prévio, com a irrecusável ressalva de que à administração fiscal compete, *a posteriori*, a verificação da regularidade do procedimento, à luz da legislação de regência.

O *mandamus* tributário, na espécie, assumiu feição declaratória, visando impedir que o fisco autue o sujeito passivo da obrigação tributária pelo simples fato de o mesmo estar se valendo da compensação prevista em lei, sem que a sentença mandamental possa, previamente, declarar a extinção dos créditos compensados. De fato, prestigiou a Corte Superior de Justiça o entendimento de que a *compensação demanda provas e contas, mas nada impede que, sem estas, se declare que o recolhimento indevido é compensável*, porque a *discussão até essa fase não desborda das questões de direito.*

É lógico que o pedido inicial deve ser corretamente formulado, não sendo lícito ao contribuinte requerer, na via mandamental, que o julgador se manifeste sobre a efetiva compensação realizada, pois, aí sim, inviabilizada a produção de prova no curso do processo, o caso será de aplicação do comando estabelecido no art. 10, *caput*, da Lei nº 12.016/2009. É de se registrar a inovação no trato legal da matéria, conferida pela Lei Complementar nº 104/2001, que inseriu o art. 170-A no CTN.[128]

Em sintonia com a disposição do CTN, o § 2º do art. 7º da nova lei proibiu a concessão de liminar que tenha por objeto "(i) *a compensação de créditos tributários*" (grifo nosso).

## Entrega de mercadorias e bens provenientes do exterior[129]

O mesmo § 2º do art. 7º da nova Lei do Mandado de Segurança vedou a concessão de liminar que tenha por objeto *a entrega de mercadorias e bens provenientes do exterior.*

É certo que existe no ordenamento jurídico a Lei nº 2.770, de 04 de maio de 1956, editada sob a vigência da Constituição de 1946, que proibia a concessão de liminar para liberação de mercadorias, bens ou coisas de qualquer espécie procedentes do estrangeiro, por meio de qualquer procedimento judicial (artigo 1º), e que não foi expressamente revogada pela nova lei do mandado de segurança, mas acreditamos que foi tacitamente.

Ocorre que essa lei não foi recepcionada pela Constituição de 1988, e ainda a nova lei do mandado de segurança consagrou

---

[128] CTN: "Art. 170-A. É vedada a compensação mediante o aproveitamento de tributo, objeto de contestação judicial pelo sujeito passivo, antes do trânsito em julgado da respectiva decisão judicial. (Incluído pela Lcp nº 104, de 2001)".

[129] Esse trecho foi extraído do artigo de: BEZERRA, Adriano Custódio. *Inconstitucionalidades da nova lei do mandado de segurança*. [S.l.], 21 nov. 2009. Disponível em: <http://adrianocustodiobezerra.blogspot.com.br/2009/11/inconstitucionalidades-da-nova-lei-do.html>. Acesso em: 9 jan. 2014, grifo nosso.

essa norma restritiva, retirando do mandado de segurança a máxima efetividade, por meio do § 2º, do artigo 7º, da referida lei.

A inconstitucionalidade da vedação é flagrante tendo em vista que muitas vezes as mercadorias e bens provenientes do exterior são perecíveis, e, por isso, causaria maiores prejuízos ao impetrante, se tivesse que aguardar o provimento final para ver liberados suas mercadorias ou bens.

Considerando ainda que a retenção das mercadorias ocorre em Zonas Alfandegárias Primárias (Portos e Aeroportos), onde as tarifas de armazenagem são elevadíssimas e podem, inclusive, dependendo do tempo de retenção dos bens, acarretar a inviabilidade da importação, pois o importador pode não ter mais condições de resgatar as mercadorias nas Zonas Alfandegárias.

E com isso, percebe-se que a retenção de mercadorias nas Zonas Aduaneiras, como forma de forçar o contribuinte a recolher o tributo, afronta até mesmo o *princípio do não confisco* esculpido no artigo 150, inciso IV, da Constituição Federal, pois a União, os Estados, os Municípios e o Distrito Federal não poderão usar o tributo como forma de confisco.

Esse entendimento já era disciplinado pelas Súmulas 323 e 547 do Egrégio Supremo Tribunal Federal, determinando que é ilícita a apreensão de mercadorias como meio coercitivo para pagamento de tributos, inviabilizando o exercício das atividades profissionais, afrontando, assim, o artigo 170, *caput*, da Constituição Federal.

Portanto, a inconstitucionalidade da proibição da concessão de liminar para liberação de mercadoria, se mostra pelo fato de ofender a Separação dos Poderes, na medida em que impõe limitação à atuação do Poder Judiciário e, ainda, abala a inafastabilidade da jurisdição, bem como afronta o *princípio do não confisco*, com a retenção das mercadorias como forma de coação do contribuinte para o pagamento do tributo.

Constatamos, ainda, que existem recentes decisões monocráticas que concederam liminares para liberação de mercadorias, tendo em vista a inconstitucionalidade do § 2º, do artigo 7º da Nova lei do Mandado de Segurança, vejamos:

a) O Juiz Tales Krauss Queiroz quando do deferimento da liminar no Mandado de Segurança impetrado pela empresa AVATAR na Justiça Federal do Distrito Federal, sendo, posteriormente, confirmada pela sentença, em trâmite perante a 8ª Vara Federal, considerou inconstitucionais os §§ 2º e 5º do artigo 7º da Lei nº 12.016/2009, na parte que proíbe a concessão de liminar para entrega de mercadorias e bens provenientes do exterior, *in verbis*:[130]

> [...] os §§ 2º e 5º do art. 7º da Lei nº 12.016/2009, na parte em que proíbem a concessão de medidas de urgência para entrega de mercadorias e bens provenientes do exterior, são inconstitucionais (ou a eles deve ser dada interpretação conforme a Constituição, para evitar a aplicação em casos urgentes, segundo a especificidade do caso), visto que: - ofendem o princípio da inafastabilidade da jurisdição (inciso XXXV do art. 5º: 'a lei não excluirá da apreciação do Poder Judiciário lesão ou *ameaça* a direito' – destaquei); estiolam o poder geral de cautela, ínsito à atividade jurisdicional; – contrariam Súmula do Supremo Tribunal Federal, guardião da Constituição (Súmula 323).

b) E também, o juiz Daniel Henrique Dummer concedeu medida liminar no mandado de segurança impetrado por União Brasileira de Educação e Assistência (Ubea) mantenedora da Pontifícia Universidade Católica do Rio Grande do Sul (PUC/RS), sendo, posteriormente, confirmada pela sentença, em trâmite perante a 2ª Vara Cível de Novo Hamburgo/RS, considerando inconstitucional o artigo 7º, § 2º, da Lei nº 12.016/2009

---

[130] Processo nº 2009.34.00.024266-4, Segunda Vara de Imperatriz/MA.

por restringir o alcance do mandado de segurança e pela afronta ao princípio da inafastabilidade da jurisdição, nesse sentido:

> Quanto a restrição prevista no art. 7º, § 2º, da Lei 12.016/2009, acredito que sua aplicação deve ser vista com reservas, não só por ser endereçada a bens apreendidos, mas também em face da sua inconstitucionalidade. Não é por menos que a nova Lei vem sofrendo críticas com relação à vedação da concessão de liminar em mandado de segurança. A limitação imposta pelo legislador parece afrontar a garantia constitucional à segurança (art. 5º, LXIX e LXX da Constituição), na medida em que o procedimento não se mostra perfilhado com a amplitude constitucional do mandado de segurança. A urgência e a necessidade de resposta rápida ao suposto ato coator é da essência do mandado de segurança. Daí a razão de um rito célere, preferencial e específico, sem contar que a exigência para o deferimento da ordem reclama a demonstração imediata de direito líquido e certo, baseada em prova meramente documental. Vedar incondicionalmente a concessão de liminar em mandado de segurança, afastando a possibilidade de tutela de urgência contra ato ilegal da autoridade, é impedir o acesso à justiça (art. 5º, XXXV). Tornar o provimento judicial lerdo é negar a própria justiça, lembrando que, em alguns casos, o objeto da demanda falece juntamente com o próprio indeferimento da liminar.[131]

Nessa linha, o Conselho Federal da Ordem dos Advogados do Brasil ajuizou, em 14 de junho de 2009, ação direta de inconstitucionalidade, arguindo a declaração de inconstitucionalidade, entre outros, do art. 7º, § 2º, da Lei nº 12.016/2009. A ação

---

[131] Processo nº 019/1.09.0016801-3. Comarca de Novo Hamburgo. Segunda Vara Cível/RS.

pende de julgamento. Até o momento, a Advocacia-Geral da União (AGU) e a Procuradoria-Geral da República (PGR) se manifestaram pela constitucionalidade das exceções à concessão de liminares em mandado de segurança.[132]

Destaca-se que o Judiciário já atestou a constitucionalidade e legalidade de inúmeras decisões que liberam mercadoria vinda do exterior, em razão de greve de servidores da Receita Federal.[133] Por isso, entendemos pela

> inconstitucionalidade da proibição [incondicionada] da concessão de liminar para liberação de mercadorias ou bens, pois não pode a norma infraconstitucional restringir instituto constitucional que tem *status* de direito e garantia fundamental, e nem amordaçar o magistrado quando esse vislumbre no caso concreto os requisitos para a concessão da tutela antecipada, conforme o artigo 273, do Código de Processo Civil, e do princípio do não confisco esculpido no artigo 150, inciso IV, da Constituição Federal.[134]

## Mandado de segurança contra ato judicial e como sucedâneo recursal

Há possibilidade do manejo de MS contra ato judicial, figurando como autoridade coatora o magistrado que der causa à violação do direito líquido e certo.

---

[132] Não obstante a PGR ter opinado pela improcedência da Adin, destacou a possibilidade de deferimento da liberação de mercadoria em situações excepcionais, conforme se depreende do seguinte trecho de sua manifestação na ADI: "Nada impede que, em situações excepcionais, o Judiciário tenha sobre ela compreensão diversa".
[133] A título de mero exemplo: BRASIL. Superior Tribunal de Justiça. Segunda Turma. REsp nº 179.255/SP. Relator: ministro Franciulli Neto. Julgamento em 11 de setembro de 2001. DJ, 12 nov. 2001. STJ. Segunda Turma. REsp nº 150.262/SP. Relator: ministro Peçanha Martins. Julgamento em 8 de fevereiro de 2000. DJ, 20 mar. 2000.
[134] BEZERRA, Adriano Custódio. "Inconstitucionalidades da nova lei do mandado de segurança", 2009, op. cit.

Destaca-se o cabimento de MS, como sucedâneo recursal, em três situações usuais em face de decisões judiciais, não obstante a lista de hipóteses ser bastante extensa:[135] face decisão que atribuiu ou nega efeito suspensivo a agravo de instrumento; face decisão que converte agravo de instrumento em agravo retido; face decisão interlocutória proferida em juizado especial cível.

*Ação de repetição de indébito*

A ação de repetição de indébito é ação condenatória através da qual "se postula a condenação da Fazenda Pública a devolver o que recebeu indevidamente por um suposto crédito tributário".[136]

Pode se referir a pagamento a maior feito pelo contribuinte e, por isso, indevido, ou a pagamento indevido pelo próprio questionamento do suposto crédito tributário. Seu pressuposto é a existência de um recolhimento efetuado pelo contribuinte e que, uma vez tido como indevido, é objeto dessa ação na qual se pleiteia sua devolução. É justamente o que se extrai do art. 165 do CTN.[137]

Algumas críticas são feitas ao referido dispositivo, com relação à expressão "restituição total ou parcial", pois no entender

---

[135] Destaca-se o rol de hipóteses em: CAIS, Cleide Previtallis. *O processo tributário.* 7. ed. São Paulo: Revista dos Tribunais, 2011. p. 334-335.
[136] LOPES, Mauro Luís Rocha. *Processo judicial tributário:* execução fiscal e ações tributárias. 4. ed. Rio de Janeiro: Lumen Juris, 2007. p. 335.
[137] CTN: "Art. 165. O sujeito passivo tem direito, independentemente de prévio protesto, à restituição total ou parcial do tributo, seja qual for a modalidade do seu pagamento, ressalvado o disposto no § 4º do artigo 162, nos seguintes casos: I - cobrança ou pagamento espontâneo de tributo indevido ou maior que o devido em face da legislação tributária aplicável, ou da natureza ou circunstâncias materiais do fato gerador efetivamente ocorrido; II - erro na edificação do sujeito passivo, na determinação da alíquota aplicável, no cálculo do montante do débito ou na elaboração ou conferência de qualquer documento relativo ao pagamento; III - reforma, anulação, revogação ou rescisão de decisão condenatória".

dos doutrinadores a restituição sempre será total com relação ao montante indevidamente pago. Isso porque, na hipótese de pagamento a maior, apenas a parcela que exceder o crédito tributário seria indevida, devendo esta ser integralmente restituída.

Sobre seu objeto e causa de pedir, transcrevem-se os apontamentos de James Marins:

> O pedido condenatório (objeto) da ação repetitória consiste na devolução de tributos, penalidades pecuniárias ou acréscimos como correção monetária e juros recolhidos indevidamente; sua causa de pedir pode estar assentada em erro material ou formal gerador do recolhimento procedido; anulabilidade do auto de infração ou do ato de lançamento; ou ainda a ilegalidade ou inconstitucionalidade da norma que embasou o recolhimento do tributo cuja devolução se requer.[138]

É de se notar que essa ação guarda estreita relação com o pedido de restituição/repetição de indébito que pode também ser feito administrativamente. Usualmente, a utilização de um ou outro varia em razão da matéria objeto de pleito.

É pacífico, no âmbito doutrinário e jurisprudencial, que se pode pleitear a restituição de indébito tributário prescrito, já que, ao contrário do direito civil, no âmbito do direito tributário a prescrição extingue o próprio crédito tributário (art. 156, V, do CTN), logo há o direito do contribuinte à repetição do indébito, uma vez que o montante pago indevidamente foi em razão de um crédito tributário prescrito, ou seja, inexistente.[139]

---

[138] MARINS, James. *Direito processual tributário brasileiro*. 4. ed. São Paulo: Dialética, 2005. p. 433.
[139] Precedentes: BRASIL. Superior Tribunal de Justiça. Segunda Turma. REsp nº 646.328/RS. Relator: ministro Mauro Campbell Marques. Julgamento em 4 de junho de 2009. *DJe*, 23 jun. 2009. STJ. Primeira Turma. REsp nº 100.4747/RJ. Relator: ministro Luiz Fux. Julgamento em 6 de maio de 2008. *DJe*, 18 jun. 2008. STJ. Primeira Turma. REsp

Há discussão se a confissão de dívida para fins de parcelamento dos débitos tributários impede a ação de repetição de indébito para reconhecer como indevido determinado tributo incluído no parcelamento e sua repetição.

Em que pese a resistência dos fiscos, o STJ pacificou o entendimento de que é possível a revisão judicial da confissão de dívida, efetuada com o escopo de obter parcelamento de débitos tributários, quando o fundamento do reexame judicial for concernente à relação jurídico-tributária e não sobre situações fáticas, possibilitando nessas hipóteses a restituição de indébito tributário incluído em parcelamentos.

Isso porque, "a confissão de dívida para fins de parcelamento não tem efeitos absolutos, não podendo reavivar crédito tributário já extinto ou fazer nascer crédito tributário de forma discrepante de seu fato gerador" (trecho do voto do ministro relator Mauro Campbell Marques no Resp nº 1.133.027/SP afeto à sistemática de recurso repetitivo).[140]

Com relação à repetição de indébito, merecem análise as seguintes controvérsias relevantes: (1) prazo prescricional para seu ajuizamento; (2) legitimidade ativa para a repetição de tributos diretos e indiretos e (3) observações sobre a execução da sentença condenatória.

Prazo para o ajuizamento da ação

A questão do prazo prescricional para o ajuizamento da ação de repetição de indébito é das que geraram mais contro-

---

nº 636.495/RS. Relatora: ministra Denise Arruda. Julgamento em 26 de junho de 2007. DJ, 2 ago. 2007.
[140] Precedentes: BRASIL. Superior Tribunal de Justiça. Segunda Turma. AgRg nos EDcl no REsp nº 1.183.329/MG. Relator: ministro Humberto Martins. Julgamento em 22 de junho de 2010. DJe, 30 jun. 2010. STJ. Segunda Turma. REsp nº 852.040/CE. Relatora: ministra Eliana Calmon. Julgamento em 1º de abril de 2008. DJe, 11 abr. 2008.

vérsias no direito processual tributário, sobretudo com relação aos tributos sujeitos a lançamento por homologação.

A previsão legal basilar do prazo consta do art. 168 do CTN:

> Art. 168. O direito de pleitear a restituição extingue-se com o decurso do prazo de 5 (cinco) anos, contados:
>
> I - nas hipóteses dos incisos I e II do artigo 165, da data da extinção do crédito tributário;
>
> II - na hipótese do inciso III do artigo 165, da data em que se tornar definitiva a decisão administrativa ou passar em julgado a decisão judicial que tenha reformado, anulado, revogado ou rescindido a decisão condenatória.

Ao analisar a questão do prazo prescricional, a própria jurisprudência do STJ oscilou, inicialmente, entre o acolhimento de teses diversas tais como:

1) *Tese dos cinco mais cinco.* Os tributos sujeitos a lançamento por homologação deveriam ser homologados no prazo de cinco anos, quando, na ausência de manifestação expressa da autoridade fazendária, ocorreria a chamada homologação tácita, com a consequente extinção do crédito tributário (arts. 150, § 4º, c/c 156, VII, do CTN). Segundo essa tese, o prazo prescricional de cinco anos (art. 168, I, do CTN) somente teria início após o decurso do prazo de homologação. Assim, ter-se-ia um prazo de 10 anos para pleitear a restituição do indébito.

2) *Tese relativa à contagem diferenciada do prazo na hipótese de declaração de inconstitucionalidade.* Em relação aos tributos declarados inconstitucionais, encontrou ressonância nos tribunais pátrios a tese de que o prazo para a restituição do indébito, também em virtude de sua natureza não tributária, deveria ser contado da publicação da resolução do Senado,

na hipótese de declaração incidental de inconstitucionalidade do tributo ou da publicação do acórdão proferido pelo STF em sede de controle concentrado de constitucionalidade.

Ao final, pacificou-se na jurisprudência o entendimento da *tese dos cinco mais cinco*, "no sentido de que se devem computar cinco anos a partir do pagamento, que é quando se dá a homologação tácita do tributo indevidamente recolhido (art. 150, § 4º), somados de mais cinco anos referentes ao prazo prescricional que o CTN fixou (art. 168)",[141] ainda que a hipótese seja de inconstitucionalidade da exação.

Ocorre que foi publicada a Lei Complementar nº 118/2005, que entrou em vigor em 9 de junho de 2005, cujo art. 3º estabeleceu:

> Art. 3º. Para efeito de interpretação do inciso I do art. 168 da Lei nº 5.172, de 25 de outubro de 1966 – Código Tributário Nacional, a extinção do crédito tributário ocorre, no caso de tributo sujeito a lançamento por homologação, no momento do pagamento antecipado de que trata o § 1º do art. 150 da referida Lei.

Como se pode observar, tal lei complementar procurou fazer uma interpretação autêntica do disposto nos arts. 168, I, e 150, § 4º, do CTN, com o objetivo de alterar a jurisprudência do STJ. Ao apreciar a nova disciplina do prazo prescricional, em um primeiro momento, o STJ posicionou-se pela aplicação do prazo de 10 anos para os processos ajuizados até 9 de junho de 2005, data de vigência da lei complementar, e do novo prazo de cinco anos para os processos ajuizados posteriormente.

Vale frisar que, após diversos debates sobre o assunto e extrema insegurança jurídica rodeando os contribuintes, o STF

---

[141] MARINS, James. *Direito processual tributário brasileiro*, 2005, op. cit., p. 439.

pacificou a questão no julgamento do RE nº 566.621/RS, que teve sua repercussão geral reconhecida e decidiu que, a partir da entrada em vigor da Lei Complementar nº 118/2005, o prazo para a repetição de indébito tributário seria de cinco anos contados do pagamento indevido, conforme ementa a seguir:

DIREITO TRIBUTÁRIO – LEI INTERPRETATIVA – APLICAÇÃO RETROATIVA DA LEI COMPLEMENTAR Nº 118/2005 – DESCABIMENTO – VIOLAÇÃO À SEGURANÇA JURÍDICA – NECESSIDADE DE OBSERVÂNCIA DA VACACIO LEGIS – APLICAÇÃO DO PRAZO REDUZIDO PARA REPETIÇÃO OU COMPENSAÇÃO DE INDÉBITOS AOS PROCESSOS AJUIZADOS A PARTIR DE 9 DE JUNHO DE 2005. Quando do advento da LC 118/2005, estava consolidada a orientação da Primeira Seção do STJ no sentido de que, para os tributos sujeitos a lançamento por homologação, o prazo para repetição ou compensação de indébito era de 10 anos contados do seu fato gerador, tendo em conta a aplicação combinada dos arts. 150, § 4º, 156, VII, e 168, I, do CTN. A LC 118/2005, embora tenha se autoproclamado interpretativa, implicou inovação normativa, tendo reduzido o prazo de 10 anos contados do fato gerador para 5 anos contados do pagamento indevido. Lei supostamente interpretativa que, em verdade, inova no mundo jurídico deve ser considerada como lei nova. Inocorrência de violação à autonomia e independência dos Poderes, porquanto a lei expressamente interpretativa também se submete, como qualquer outra, ao controle judicial quanto à sua natureza, validade e aplicação. A aplicação retroativa de novo e reduzido prazo para a repetição ou compensação de indébito tributário estipulado por lei nova, fulminando, de imediato, pretensões deduzidas tempestivamente à luz do prazo então aplicável, bem como a aplicação imediata às pretensões pendentes de ajuizamento quando da publicação da lei, sem resguardo de nenhuma regra de transição, implicam ofensa ao princípio da segurança jurídica em seus conteúdos de proteção da confiança e de garantia do acesso à Justiça. Afastando-se as aplicações inconstitucionais e resguardando-se, no mais, a eficácia da norma, permite-se a aplicação do prazo reduzido relativamente às ações ajuizadas após a *vacatio legis*, conforme entendimento consolidado por esta Corte no enunciado 445 da Súmula do Tribunal. O prazo de *vacatio legis* de 120 dias permitiu aos contribuintes não apenas que tomassem ciência do novo prazo, mas também que ajuizassem as ações necessárias à tutela dos seus direitos. Inaplicabilidade do art. 2.028 do Código Civil, pois, não havendo lacuna na LC 118/08, que pretendeu a aplicação do novo prazo na maior extensão possível, descabida sua aplicação por analogia. Além disso, não se trata de lei geral, tampouco impede iniciativa legislativa em contrário. Reconhecida a inconstitucionalidade [do] art. 4º, segunda parte, da LC 118/05, considerando-se válida a aplicação do novo prazo de 5 anos tão somente às ações ajuizadas após o decurso da *vacatio legis* de 120 dias, ou seja, a partir de 9 de junho de 2005. Aplicação do art. 543-B, § 3º, do CPC aos recursos sobrestados. Recurso extraordinário desprovido.[142]

Ou seja, os tributos que foram recolhidos indevidamente até 9 de junho de 2005, que estejam sujeitos ao lançamento por homologação, serão submetidos à tese dos cinco mais cinco para serem restituídos. Os tributos sujeitos ao lançamento por homologação, recolhidos indevidamente a partir dessa data, estão sujeitos ao prazo de cinco anos, contado a partir da data do pagamento indevido.

---

[142] BRASIL. Supremo Tribunal Federal. Tribunal Pleno. RE nº 566.621/RS. Relatora: ministra Ellen Gracie. Julgamento em 4 de agosto de 2011. *DJe*, 11 out. 2011.

## Legitimidade ativa para o ajuizamento da ação

Outro tema relevante é o da legitimidade ativa para o ajuizamento da ação de repetição de indébito. No que se refere ao IPTU, imposto tipicamente direto, houve muita discussão acerca da possibilidade de o locatário, que por expressa previsão contratual arca com o IPTU, repetir o indébito.

Assim, como as avenças entre particulares são inoponíveis ao fisco (art. 123 do CTN), as mesmas não têm o condão de erigir terceiro a legitimado ativo para o ajuizamento da ação de repetição de indébito, ainda que tenha efetuado o pagamento. Isso porque ele não é contribuinte, nem tampouco responsável tributário (RE nº 883.724/RJ, *DJ*, 29 mar. 2007; RE nº 552.468/RJ, *DJ*, 8 fev. 2008).

Ademais, é interessante a análise dos EREsp nº 708.237/RJ, que tratou da hipótese de legitimidade ativa do adquirente do imóvel para pleitear a repetição do imposto recolhido pelo antigo proprietário, afastando a legitimidade por entender que o novo proprietário não arcou com o ônus financeiro, direta ou indiretamente. Frise-se que a novidade reside justamente na utilização desse raciocínio, que é aplicável, via de regra, aos tributos indiretos, hipótese que se passa a analisar.

Sobre o assunto em comento, o ponto mais relevante diz respeito aos impostos indiretos, em razão do disposto no art. 166 do CTN:

> Art. 166. A restituição de tributos que comportem, por sua natureza, transferência do respectivo encargo financeiro somente será feita a quem prove haver assumido o referido encargo, ou, no caso de tê-lo transferido a terceiro, estar por este expressamente autorizado a recebê-la.

Os tributos indiretos são aqueles que, por sua natureza, repercutem economicamente sobre terceiros. Neles, o contribuinte de direito, sujeito passivo da obrigação tributária, repassa o ônus tributário através do fenômeno da repercussão tributária para terceiro, contribuinte de fato, que arca com o dito ônus tributário. São exemplos típicos o ICMS e o IPI.

O seguinte precedente do STJ delineia com precisão os conceitos fundamentais:

> TRIBUTÁRIO. EMBARGOS DE DIVERGÊNCIA. ICMS. REPETIÇÃO DE INDÉBITO. TRIBUTO INDIRETO. TRANSFERÊNCIA DE ENCARGO FINANCEIRO AO CONSUMIDOR FINAL. ART. 166 DO CTN. ILEGITIMIDADE ATIVA. PRECEDENTES.
>
> 1. A respeito da repercussão, a 1ª Seção desta Corte (EREsp n. 168469-SP), pacificou posição de que ela não pode ser exigida nos casos de repetição ou compensação de contribuições, tributo considerado direto, especialmente, quando a lei que impunha a sua cobrança foi julgada inconstitucional. Da mesma forma, a referida Seção desta Corte, em sede de embargos de divergência, pacificou o entendimento para acolher a tese de que o art. 66 da Lei nº 8.383/1991, em sua interpretação sistêmica, autoriza ao contribuinte efetuar, via autolançamento, compensação de tributos pagos cuja exigência foi indevida ou inconstitucional. Tributos que comportem, por sua natureza, transferência do respectivo encargo financeiro são somente aqueles em relação aos quais a própria lei estabeleça dita transferência.
>
> 2. Apenas em tais casos se aplica a regra do art. 166 do CTN, pois a natureza, a que se reporta tal dispositivo legal, só pode ser a jurídica, que é determinada pela lei correspondente e não por meras circunstâncias econômicas que podem estar, ou não, presentes, sem que se disponha de um critério seguro para saber quando se deu, e quando não se deu, a aludida transferência.
>
> 3. O art. 166 do CTN é claro ao afirmar o fato de que deve sempre haver pelo intérprete, em casos de repetição de indébito, identificação se o tributo, por sua natureza, comporta a transferência do respectivo encargo financeiro para terceiro ou não, quando a lei, expressamente, não determina que o pagamento

da exação é feito por terceiro, como é o caso do ICMS e do IPI. A prova a ser exigida na primeira situação deve ser aquela possível e que se apresente bem clara, a fim de não se colaborar para o enriquecimento ilícito do poder tributante. Nos casos em que a lei expressamente determina que o terceiro assumiu o encargo, necessidade há, de modo absoluto, que o terceiro autorize a repetição de indébito.
4. O tributo examinado (ICMS) é de natureza indireta. Apresenta-se com essa característica porque o contribuinte real é o consumidor da mercadoria objeto da operação (contribuinte de fato) e a empresa (contribuinte de direito) repassa, no preço da mercadoria, o imposto devido, recolhendo, após, aos cofres públicos o imposto já pago pelo consumidor de seus produtos. Não assume, portanto, a carga tributária resultante dessa incidência.
5. Em consequência, o fenômeno da substituição legal no cumprimento da obrigação, do contribuinte de fato pelo contribuinte de direito, ocorre na exigência do pagamento do imposto do ICMS. A repetição do indébito e a compensação do tributo questionado não podem ser deferidas sem a exigência da repercussão.
6. Ilegitimidade ativa *ad causam* da empresa configurada. Precedentes desta Corte.
7. Embargos de divergência conhecidos e não providos.[143]

A jurisprudência do STJ admitia a legitimidade ativa do consumidor para a discussão relativa ao ICMS sobre energia elétrica, especificamente quanto à demanda contratada. No julgamento do REsp nº 903.394/AL, no entanto, sob o regime dos repetitivos, a Primeira Seção modificou o entendimento. Ao analisar o pedido de uma distribuidora de bebida relativo

---

[143] BRASIL. Superior Tribunal de Justiça. Primeira Seção. EREsp nº 664.374/SP. Relator: ministro José Delgado. Julgamento em 13 de setembro de 2006. *DJ*, 2 out. 2006.

ao imposto sobre produtos industrializados (IPI), afastou a legitimidade ativa, ao argumento de que somente o "contribuinte de direito" tem essa prerrogativa.[144]

Breves apontamentos sobre a execução
da sentença condenatória

Conforme já mencionado, a sentença de procedência em ação de repetição de indébito condena o fisco a restituir o tributo devido com os acréscimos previstos. Em virtude do disposto no art. 100 da CRFB/1988, a restituição em moeda sujeita o contribuinte ao sistema de pagamentos através de precatório, com sua reconhecida morosidade para a realização do crédito.

Por essa razão, é comum que no bojo da ação de repetição de indébito o contribuinte faça o pedido de compensação, que possibilita a realização mais célere do crédito tributário indevidamente recolhido.

A esse respeito, deve-se mencionar que recentes acórdãos de ambas as turmas da Primeira Seção do STJ estabeleceram que, em sede de execução de sentença transitada em julgado, cabe ao contribuinte optar pela expedição de precatório ou proceder à compensação, na hipótese de haver autorização legal oriunda do ente tributante (REsp nº 1.093.159/SP, Primeira Turma, *DJe*, 18 dez. 2008; REsp nº 1.043.596/SC, Segunda Turma, *DJe*, 6 out. 2008).

Ilustrativamente, vale consignar que, no âmbito federal, a compensação dos créditos tributários oriundos de decisão judicial transitada em julgado atualmente é disciplinada pela Instrução Normativa (IN) RFB nº 900/2008.

---

[144] Disponível em: <www.stj.jus.br/portal_stj/publicacao/engine.wsp?tmp.area=398&tmp.texto=101050, notícia de 11 de março de 2011>. Acesso em: 8 fev. 2012.

*Ação consignatória*

## Modalidades

A consignação em pagamento é forma de extinção do crédito tributário previsto no art. 156, VIII, do CTN. No art. 164 do mesmo diploma, abaixo transcrito, são elencadas situações que permitem a consignação judicial em pagamento.

> Art. 164. A importância de crédito tributário pode ser consignada judicialmente pelo sujeito passivo, nos casos:
> I - de recusa de recebimento, ou subordinação deste ao pagamento de outro tributo ou de penalidade, ou ao cumprimento de obrigação acessória;
> II - de subordinação do recebimento ao cumprimento de exigências administrativas sem fundamento legal;
> III - de exigência, por mais de uma pessoa jurídica de direito público, de tributo idêntico sobre um mesmo fato gerador.[145]
> § 1º. A consignação só pode versar sobre o crédito que o consignante se propõe pagar.
> § 2º. Julgada procedente a consignação, o pagamento se reputa efetuado e a importância consignada é convertida em renda; julgada improcedente a consignação no todo ou em parte, cobra-se o crédito acrescido de juros de mora, sem prejuízo das penalidades cabíveis.

---

[145] Nessa hipótese, de incerteza do credor da dívida, ver também a disposição do art. 898 do Código de Processo Civil: "Art. 898. Quando a consignação se fundar em dúvida sobre quem deva legitimamente receber, não comparecendo nenhum pretendente, converter-se-á o depósito em arrecadação de bens de ausentes; comparecendo apenas um, o juiz decidirá de plano; comparecendo mais de um, o juiz declarará efetuado o depósito e extinta a obrigação, continuando o processo a correr unicamente entre os credores, caso em que se observará o procedimento ordinário".

No que se refere aos incisos I a IH do referido diploma legal, James Marins ensina:

> As duas primeiras hipóteses legais, em que o contribuinte se depara com obstáculos ao seu propósito de pagar a obrigação principal, caracterizam a *mora accipiendi*, isto é, a mora imputável à administração tributária em exercitar, sem obstáculos artificiais, seu poder-dever de cobrar os créditos tributários. Ao contrário, a terceira hipótese cuida não da *mora accipiendi*, mas sim da pluralidade ou concorrência de credores, que pode ser descrita como a disputa da titularidade ativa estabelecida entre dois entes tributantes que se apresentam, simultaneamente, como credores da obrigação tributária nascida de um único fato jurídico tributário.[146]

O crescente conflito entre municípios no que se refere à cobrança de tributos como IPTU e ISS, bem como entre estados e municípios no debate sobre qual o imposto cabível – ICMS ou ISS – tem contribuído para o maior uso da ação consignatória pelos contribuintes. Veja-se decisão do STJ a esse respeito:

> PROCESSUAL CIVIL. RECURSO ESPECIAL. TRIBUTÁRIO. AÇÃO DE CONSIGNAÇÃO EM PAGAMENTO. EMPRESA PRESTADORA DE SERVIÇO DE CONEXÃO À INTERNET. ADEQUAÇÃO DA VIA ELEITA. RECURSO PROVIDO.
> 1. Não obstante o entendimento doutrinário no sentido de admitir a ação de consignação em pagamento, com base no art. 164, III, do CTN, apenas quando houver dúvida subjetiva em relação a entes tributantes que possuam a mesma natureza

---

[146] MARINS, James. *Direito processual tributário brasileiro (administrativo e judicial)*, 2010, op. cit., p. 465.

(Estado contra Estado e Município contra Município) – tese acolhida pelo Tribunal de origem –, a doutrina majoritária tem admitido a utilização da ação mencionada quando plausível a incerteza subjetiva, mesmo que se trate de impostos cobrados por entes de natureza diversa.

2. Acrescente-se que, nos termos do art. 895 do CPC, "se ocorrer dúvida sobre quem deva legitimamente receber o pagamento, o autor requererá o depósito e a citação dos que o disputam para provarem o seu direito". Como bem esclarecem Nelson Nery Junior e Rosa Maria de Andrade Nery, nessa hipótese, "a providência do devedor é acautelatória de seus direitos", pois "quer pagar bem e não incorrer no risco que lhe adviria de pagar para quem não é o legítimo credor da prestação" (Código de Processo Civil Comentado e legislação extravagante, 10ª ed., São Paulo: Ed. Rev. dos Tribunais, 2007, pág. 1.151).

3. No caso concreto, considerando que a autora (ora recorrente) é prestadora de serviço de conexão à Internet, revela-se plausível a dúvida quanto ao imposto devido – ICMS ou ISS –, tendo em vista que ambos foram exigidos pelos respectivos entes tributantes. Assim, a circunstância de a dúvida recair sobre impostos diversos que incidem sobre um mesmo fato gerador, por si só, não enseja a inviabilidade da ação de consignação em pagamento com a consequente extinção do processo sem resolução de mérito.

4. Recurso especial provido.[147]

Frisa-se que nos tributos que ensejam uma relação continuativa entre contribuinte e fisco, como o ISS e ICMS, aplica-se a norma do art. 892 do Código de Processo Civil.[148]

---

[147] BRASIL. Superior Tribunal de Justiça. Primeira Turma. REsp nº 931.566/MG. Relatora: ministra Denise Arruda. Julgamento em 23 de abril de 2009. DJe, 7 maio 2009.
[148] CPC: "Art. 892. Tratando-se de prestações periódicas, uma vez consignada a primeira, pode o devedor continuar a consignar, no mesmo processo e sem mais formalidades, as que se forem vencendo, desde que os depósitos sejam efetuados até 5 (cinco) dias, contados da data do vencimento".

Insta ressaltar a lição de James Marins no que se refere à consignação bancária:

> Não há previsão legal em matéria fiscal que atribua efeito jurídico extintivo da obrigação aos depósitos feitos extrajudicialmente, fora dos Processos Judiciais ou Administrativos, de modo que a opção do parágrafo 1º do art. 890 do CPC deve ser tida como inaplicável às dívidas tributárias.[149]

## Efeitos do depósito

De acordo com o art. 164, § 2º, do CTN:

> Julgada procedente a consignação, o pagamento se reputa efetuado e a importância consignada é convertida em renda; julgada improcedente a consignação no todo ou em parte, cobra-se o crédito acrescido de juros de mora, sem prejuízo das penalidades cabíveis.

James Marins entende que não deveriam ser cobrados juros adicionais e multas de ofício por ser indiscutível o efeito liberatório do depósito em qualquer ação judicial ou processo administrativo.

Quando há discussão acerca do valor a ser depositado, em vista de critérios distintos entre os entes tributantes, o mais seguro para o contribuinte é efetuar o depósito do maior valor cobrado. É evidente que, quando o depósito é feito em valor inferior ao exigido, o contribuinte permanecerá desprotegido no que tange à quantia não depositada.

---

[149] MARINS, James. *Direito processual tributário brasileiro (administrativo e judicial)*, 2010, op. cit., p. 469.

No que se refere à extinção do processo sem resolução de mérito, em vista da falta de orientação no art. 164, § 2º, do CTN, entende Leandro Paulsen:

> Impende, pois, que se analise o caso concreto e que se veja qual o fundamento da extinção. Se estivermos em face de questão simplesmente processual, relacionada a vícios de procedimento, mas o valor oferecido efetivamente diz respeito a tributo devido à Requerida, não haverá, a princípio, razão para a liberação. Note-se que o contribuinte terá consignado os valores, afastando a mora e a ação do Fisco.[150]

## Questões de automonitoramento

1) Após ler este capítulo, você é capaz de resumir o caso gerador do capítulo 4, identificando as partes envolvidas, os problemas atinentes e as soluções cabíveis?
2) Quanto à liminar, é correto o entendimento de que denegada a segurança em primeira instância, a liminar no MS é automaticamente cassada?
3) Quanto à sentença denegatória de segurança, ela faz coisa julgada? Quais são as correntes doutrinárias acerca do tema?
4) Qual o prazo para ajuizamento da ação de repetição de indébito?
5) Quais os efeitos do depósito na ação consignatória?

---

[150] PAULSEN, Leandro. *Direito tributário*: Constituição e Código Tributário à luz da doutrina e da jurisprudência. Porto Alegre: Livraria do Advogado, 2010. p. 1122.

# 4

# Sugestões de casos geradores

## Processo administrativo fiscal (PAF): princípios, primeira instância e generalidades. Segunda instância: recurso hierárquico, ação anulatória contra decisão (cap. 1)

Uma decisão da Delegacia Regional de Julgamento (DRJ) do Rio de Janeiro foi impugnada por recurso voluntário. No referido recurso, só foram considerados aspectos de direito da decisão. O Conselho Administrativo de Recursos Fiscais (Carf) deixou de reformar a decisão, alegando que não se tratava de questão de direito, e sim de matéria probatória – fática, e que, portanto, não poderia rever a decisão da DRJ. Não tendo sido unânime a decisão, o sujeito passivo interpôs recurso especial para a Câmara Superior de Recursos Fiscais (CSRF), alegando que o Carf havia julgado de forma contrária à prova constituída nos autos. A CSRF acolheu o recurso especial e proferiu julgamento favorável ao contribuinte. Em seguida, a Procuradoria da Fazenda interpôs recurso hierárquico para o ministro da Fazenda, com base na ilegitimidade do contribuinte para interpor recurso especial com base naquele fundamento.

Analise cuidadosamente todos os pontos colocados, bem como as divergências doutrinárias relacionadas e posicione-se acerca da validade de cada uma das referidas etapas.

### Processo administrativo fiscal (PAF): consulta e compensação (cap. 2)

A sociedade Y, com dúvidas acerca dos efeitos que uma recente alteração na legislação do imposto sobre produtos industrializados (IPI), de que é contribuinte, surtirá na forma de apuração do imposto para as atividades que exerce, questiona-lhe sobre a possibilidade e conveniência de formular consulta tributária à administração fazendária sobre o tema. Em suma, seu cliente necessita de esclarecimentos com relação aos pontos que se seguem.

1) Primeiramente, esclarece que uma associação de empresas do seu ramo propôs formular a consulta em favor de seus filiados e, diante disso, questiona quais seriam as vantagens e desvantagens caso aceite esta estratégia.
2) Cogitando realizar o procedimento em nome próprio, questiona sobre a conveniência de formular a consulta no domicílio tributário de uma de suas filiais, tendo em vista o órgão fazendário daquela localidade estar aparentemente melhor aparelhado para analisar a questão em tempo mais reduzido.
3) Tendo sido informada de que uma concorrente do mesmo ramo logrou obter solução de consulta com base no entendimento mais favorável possível na aplicação da nova legislação, questiona sobre a possibilidade de se valer daquela solução de consulta.
4) Por fim, solicita esclarecimentos sobre os efeitos que a demora no pagamento poderá gerar caso opte por realizar a consulta ao invés de ingressar em juízo com a ação competente.

## Ações: mandado de segurança e ação consignatória/ repetição de indébito (cap. 3)

Um contribuinte que atua na área de compra e venda de bens móveis, submetendo-se, portanto, à incidência do ICMS, vem recolhendo, nos últimos 10 anos, o PIS/Cofins incluindo o ICMS na sua base de cálculo dos referidos tributos federais. No entanto, pretende discutir em âmbito judicial a exclusão de tal tributo da base de cálculo do PIS/Cofins, bem como a devolução do que pagou nos últimos anos, já que o ICMS não integra o faturamento da pessoa jurídica e, portanto, não deveria incluí-lo na base de cálculo do PIS e da Cofins, tributos esses que preveem como base de cálculo o faturamento da empresa. Diante disso, pergunta-se:

1) Quais seriam as medidas judiciais possíveis?
2) Qual seria o foro competente? Quem deverá figurar no polo passivo da ação?
3) De que maneira o pedido terá de ser formulado?
4) É possível a devolução das quantias pagas nos últimos anos? Caso positivo, através de que modalidade e de quantos anos é possível a restituição?
5) Quais os riscos econômicos envolvidos em caso de derrota?
6) Qual a documentação necessária para a comprovação do direito pleiteado?

# Conclusão

De todos os temas de estudo apreciados até aqui, é possível concluir que o processo administrativo fiscal (PAF) apresenta especificidades tais que exige do operador do direito *expertise* técnica diferenciada, a fim de que – lastreado pelos princípios norteadores do procedimento em tela – possa identificar quais as ferramentas processuais adequadas para o contencioso administrativo, manejando requerimentos e recursos hierárquicos próprios, bem como consiga reconhecer as situações em que será viável beneficiar-se dos institutos da consulta e da compensação tributária.

No âmbito do litígio judicial tributário, pela ótica do contribuinte como polo ativo da relação processual, o presente material acadêmico objetivou apresentar questões atuais, no plano tanto doutrinário quanto jurisprudencial, sobre os instrumentos do mandado de segurança e demais ações ordinárias, demonstrando suas características principais, condições de admissibilidade, legitimidade, causa de pedir, processamento e como se dá o cumprimento de sentença. Isso foi feito com o cuidado de espelhar o entendimento de nossos tribunais, de forma a prover as linhas mestras das teses jurídicas possíveis para o oferecimento da solução mais ajustada aos casos concretos.

Com a mesma atualidade e abordagem panorâmica, enfrentaram-se as particularidades do atuar da Fazenda Pública no processo executivo fiscal, desde a fase interna de inscrição em dívida ativa dos valores devidos ao fisco até o momento externo de ajuizamento da ação de execução fiscal propriamente dita. Destaca-se inclusive que, nesse ponto, foram abordados, de forma percuciente, os expedientes processuais que viabilizam a defesa do contribuinte que, opondo embargos ou exceção de pré-executividade, contrapõe-se à pretensão fazendária de cobrança do crédito fiscal.

Portanto, o desiderato deste estudo foi o de contribuir para a formação acadêmica e prática de seu público-alvo, fornecendo elementos técnico-jurídicos que aprimorem o exercício da atividade profissional daqueles que atuam em seara tributária, aparelhando-os do instrumental necessário para disponibilizar aos contribuintes soluções adequadas quando inaugurados litígios judiciais ou administrativos no campo fiscal.

# Referências

AMARAL, Diogo Freitas. *Conceito e natureza do recurso hierárquico*. 2. ed. Coimbra: Almedina, 2005.

AMARAL, Gustavo; MELO, Danielle; PEREIRA, Alberto. As alterações da Lei nº 11.382 e sua repercussão sobre a Lei de Execuções Fiscais. *Revista Dialética de Direito Tributário*, São Paulo, n. 143, p. 13, ago. 2007.

AMARO, Luciano. *Direito tributário brasileiro*. 9. ed. São Paulo: Saraiva, 2003.

ASSIS, Araken. *Manual do processo de execução*. 12. ed. São Paulo: Revista dos Tribunais, 2009.

ÁVILA, Humberto. *Sistema constitucional tributário*. São Paulo: Saraiva, 2004.

BARBI, Celso Agrícola. *Do mandado de segurança*. 6. ed. Rio de Janeiro: Forense, 1993.

BARROSO, Luis Roberto. *Interpretação e aplicação da Constituição*. Rio de Janeiro: Saraiva, 2009.

BASTOS, Celso Ribeiro. *Do mandado de segurança*. São Paulo: Saraiva, 1978.

\_\_\_\_. *Reflexões, estudos e pareceres de direito público*. Rio de Janeiro: Forense, 1984.

BEZERRA, Adriano Custódio. *Inconstitucionalidades da nova Lei do Mandado de Segurança*. [S.l.], 21 nov. 2009. Disponível em: <http://adrianocustodiobezerra.blogspot.com.br/2009/11/inconstitucionalidades-da-nova-lei-do.html>. Acesso em: 9 jan. 2014.

BOBBIO, Norberto. *El futuro de la democracia*. México: FCE, 1986.

BUENO, Cássio Scarpinella. *Mandado de segurança*. São Paulo: Saraiva, 2009.

BUZAID, Alfredo. *Do mandado de segurança*. São Paulo: Saraiva, 1989. v. 1.

CABRAL, Antônio da Silva. *Processo administrativo fiscal*. São Paulo: Saraiva, 1993.

CAIS, Cleide Previtalli. *O processo tributário*. 5. ed. São Paulo: Revista dos Tribunais, 2007.

CARNEIRO, Daniel Zanetti Marques. Exclusão do parcelamento especial (Paes) por inadimplemento parcial das prestações mensais. *Revista Dialética de Direito Tributário*, São Paulo, n. 141, jun. 2007.

CARVALHO FILHO, José dos Santos. *Processo administrativo federal*. Rio de Janeiro: Lumen Juris, 2001.

\_\_\_\_. *Manual de direito administrativo*. Rio de Janeiro: Lumen Juris, 2006.

COELHO, Inocêncio Mártires; BRANCO, Paulo Gustavo Gonet; MENDES, Gilmar Ferreira. *Curso de direito constitucional*. São Paulo: Saraiva, 2008.

CRETELLA JÚNIOR, José. *Comentários à Lei do Mandado de Segurança*. Rio de Janeiro: Forense, 1989.

DINAMARCO, Cândido Rangel. *Instituições de direito processual civil*. São Paulo: Malheiros, 2001. v. 1.

\_\_\_\_ Suspensão do mandado de segurança pelo presidente do tribunal. *Revista Forense*, Rio de Janeiro, v. 363, set./out. 2002.

____; GRINOVER, Ada Pellegrini; CINTRA, Antonio Carlos de Araújo. *Teoria geral do processo*. 18. ed. São Paulo: Malheiros, 2002.

FAGUNDES, Miguel Seabra. *O controle dos atos administrativos pelo Poder Judiciário*. 4. ed. Rio de Janeiro: Forense, 1967.

____. *O controle dos atos administrativos pelo Poder Judiciário*. São Paulo: Saraiva, 1984.

FALCÃO, Amílcar de Araújo. *Introdução ao direito administrativo*. São Paulo: Resenha Universitária, 1977.

FERREIRA, Sérgio de Andréa. Ampla "defesa no processo administrativo". *Revista de Direito Público*, São Paulo, n. 19, p. 62, jan./mar. 1972.

FIGUEIREDO, Lucia Valle. A liminar no mandado de segurança. In: ____ et al. *Curso de mandado de segurança*. São Paulo: RT, 1986.

____. *A autoridade coatora e o sujeito passivo do mandado de segurança*. São Paulo: RT, 1991.

____. *Mandado de segurança*. São Paulo: Malheiros, 1996.

FISCHER, Octavio Campos. *Os efeitos da declaração de inconstitucionalidade no direito tributário brasileiro*. Rio de Janeiro: Renovar, 2004.

FRIEDE, Reis. *Medidas liminares em matéria tributária*. 3. ed. São Paulo: Saraiva, 2005.

FUX, Luiz. *Curso de direito processual civil*. Rio de Janeiro: Forense, 2004.

GONÇALVES, Eduardo Luz. A penhora on-line no âmbito do processo de execução fiscal. *Revista Dialética de Direito Tributário*, São Paulo, n. 148, jan. 2008.

GRECO, Marco Aurélio; PONTES, Helenilson Cunha. *Inconstitucionalidade da lei tributária*: repetição do indébito. São Paulo: Dialética, 2002.

GRINOVER, Ada Pellegrini et al. *As nulidades no processo penal*. São Paulo: Revista dos Tribunais, 1998.

HOLLIDAY, Gustavo Calmon. A fraude de execução fiscal após a nova redação do art. 185 do CTN. *Revista Dialética de Direito Tributário*, São Paulo, n. 143, ago. 2007.

LOPES, Mauro Luís Rocha. *Execução fiscal e ações tributárias*. 2. ed. Rio de Janeiro: Lumen Juris, 2003.

\_\_\_\_. *Mandado de segurança*: doutrina, jurisprudência, legislação. Niterói: Impetus, 2004.

\_\_\_\_. *Processo judicial tributário*: execução fiscal e ações tributárias. 4. ed. Rio de Janeiro: Lumen Juris, 2007.

MACHADO, Hugo de Brito. *Temas de direito tributário II*. São Paulo: RT, 1994.

\_\_\_\_. *Curso de direito tributário*. 27. ed. São Paulo: Malheiros, 2005.

\_\_\_\_. *Mandado de segurança em matéria tributária*. 6. ed. São Paulo, Dialética, 2006.

\_\_\_\_. Confissão irretratável de dívida tributária nos pedidos de parcelamento. *Revista Dialética de Direito Tributário*, São Paulo, n. 145, p. 47-53, out. 2007.

\_\_\_\_. Embargos à execução fiscal: prazo para interposição e efeito suspensivo. *Revista Dialética de Direito Tributário*, São Paulo, n. 151, abr. 2008.

\_\_\_\_. *Mandado de segurança em matéria tributária*. 7. ed. São Paulo, Dialética, 2009a.

\_\_\_\_. *Mandado de segurança em matéria tributária*. 9. ed. São Paulo: Dialética, 2009b.

\_\_\_\_. *Mandado de segurança em matéria tributária*. São Paulo: RT, 2010.

MACHADO SEGUNDO, Hugo de Brito. *Processo tributário*. 3. ed. São Paulo: Atlas, 2008.

\_\_\_\_; MACHADO, Raquel Cavalcanti Ramos. A reforma no CPC e a suspensão da execução fiscal pela oposição dos embargos suspensivos. *Revista Dialética de Direito Tributário*, São Paulo, n. 151, abr. 2008.

MARINS, James. *Direito processual tributário brasileiro*. 4. ed. São Paulo: Dialética, 2005.

\_\_\_\_. *Direito processual tributário brasileiro (administrativo e judicial)*. 5. ed. São Paulo: Dialética, 2010.

MAZLOUM, Ali. O prazo para impetração do mandado de segurança. *Revista Jurídica*, Porto Alegre, n. 186, abr. 1993.

MEDAUAR, Odete. *Direito administrativo moderno*. 5. ed. São Paulo: Revista dos Tribunais, 2001.

MEIRELLES, Hely Lopes. *Mandado de segurança*. 31. ed. atual. Arnoldo Wald e Gilmar Ferreira Mendes. São Paulo: Malheiros, 2008.

MELLO, Celso Antônio Bandeira de. *Discricionariedade administrativa e controle jurisdicional*. 2. ed. São Paulo: Malheiros, 1993.

MOREIRA, José Carlos Barbosa. Questões velhas e novas em matéria de classificação das sentenças. In: ____. *Temas de direito processual*: oitava série. São Paulo: Saraiva, 2004. p. 133-141.

MOREIRA NETO, Diogo de Figueiredo. *Curso de direito administrativo*. Rio de Janeiro: Forense, 2006a.

____. *Mutações do direito público*. Rio de Janeiro: Renovar, 2006b.

NEDER, Marcos Vinicius; LÓPEZ, Maria Teresa Martínez. *Processo administrativo fiscal federal comentado*. 2. ed. São Paulo: Dialética, 2004.

____; ____. *Processo administrativo fiscal federal comentado*. 3. ed. São Paulo: Dialética, 2010.

NOBRE JÚNIOR, Edílson Pereira. Algumas considerações sobre a medida liminar em mandado de segurança. *Revista Jurídica da Procuradoria Geral da Fazenda Estadual (Estado de Minas Gerais)*, Belo Horizonte, n. 7, 1992.

NUNES, Cleucio Santos. *Curso de direito processual tributário*. São Paulo: Dialética, 2010.

OLIVEIRA, Eduardo Ribeiro de. Recursos em mandado de segurança. In: TEIXEIRA, Sálvio de Figueiredo (Coord.). *Mandados de segurança e de injunção*. São Paulo: Saraiva, 1990.

ORLAND, Breno Ladeira Kingma (Org.). *Execução fiscal*: aspectos polêmicos na visão de juízes, advogados e procuradores. Rio de Janeiro: Lumen Juris, 2008a.

____. Processo judicial tributário decorrente de compensações não administradas pela Secretaria da Receita Federal. In: ____. *Execução*

*fiscal*: aspectos polêmicos na visão de juízes, procuradores e advogados. Rio de Janeiro: Lumen Juris, 2008b.

PACHECO, José da Silva. *O mandado de segurança e outras ações constitucionais típicas*. 2. ed. São Paulo: RT, 1990.

_____. *Comentários à Lei de Execução Fiscal*. 12. ed. São Paulo: Saraiva, 2009.

PAIVA, Ormezindo Ribeiro de. Delegacias da Receita Federal de Julgamento e evolução das normas do processo administrativo fiscal. In: ROCHA, Valdir de Oliveira (Coord.). *Processo administrativo fiscal*. São Paulo: Dialética, 1999. v. 4.

PAULSEN, Leandro. *Direito tributário*: Constituição e Código Tributário à luz da doutrina e da jurisprudência. 10. ed. rev. e atual. Porto Alegre: Livraria do Advogado, 2008.

_____. *Direito tributário*: Constituição e Código Tributário à luz da doutrina e jurisprudência. 12. ed. Porto Alegre: Livraria do Advogado, 2010.

PEIXOTO, Marcelo Magalhães; DIAS, Karem Jureidini. *Compensação tributária*. São Paulo: MP, 2007.

RIBEIRO, Diego Diniz. A suspensividade dos embargos na execução fiscal: a (não) incidência do novo art. 739 do CPC. *Revista Dialética de Direito Processual*, São Paulo, n. 61, abr. 2008.

RIBEIRO, Ricardo Lodi. *A segurança jurídica do contribuinte*: legalidade, não surpresa e proteção à confiança legítima. Rio de Janeiro: Lumen Juris, 2008.

_____. *Temas de direito constitucional tributário*. Rio de Janeiro: Lumen Juris, 2009.

ROCHA, Sergio André (Coord.). *Processo administrativo tributário*: estudos em homenagem ao professor Aurélio Pitanga Seixas Filho. São Paulo: Quartier Latin, 2007.

_____. *Processo administrativo fiscal*: o controle administrativo do lançamento tributário. 3. ed. Rio de Janeiro: Lumen Juris, 2009.

ROCHA, Valdir de Oliveira. *A consulta fiscal*. São Paulo: Dialética, 1996.

RODRIGUES, Rodrigo Dalcin. Análise da suspensão da execução fiscal sob o prisma dos fatos, da finalidade das leis, da sua aplicação razoável e da coerência do ordenamento. *Revista Dialética de Direito Tributário*, São Paulo, n. 153, jun. 2008.

SALVADOR, Antonio Raphael Silva; SOUZA, Osni. *Mandado de segurança*: doutrina e jurisprudência. São Paulo: Atlas, 1998.

SANTIAGO, Igor Mauler; BREYNER, Frederico Menezes. Eficácia suspensiva dos embargos à execução fiscal em face do art. 739-A do Código de Processo Civil. *Revista Dialética de Direito Tributário*, São Paulo, n. 145, out. 2007.

SCHIMIDT JÚNIOR, Roberto Eurico. *Mandado de segurança*. Curitiba: Juruá, 1993.

TÁCITO, Caio. Contrato administrativo: alteração quantitativa e qualitativa; limites de valor. *Boletim de Licitações e Contratos*, São Paulo, n. 3, 1997.

THEODORO JR., Humberto. *Curso de direito processual civil*. 35. ed. Rio de Janeiro: Forense, 2003. v. II.

_____. *Lei de Execução Fiscal*. 11. ed. São Paulo: Saraiva, 2009.

TORRES, Ricardo Lobo. *Curso de direito tributário*. 12. ed. Rio de Janeiro: Renovar, 2005.

_____. *Curso de direito financeiro e tributário*. 14. ed. Rio de Janeiro: Renovar, 2007.

XAVIER, Alberto. *Do lançamento*: teoria geral do ato, do procedimento e do processo tributário. 2. ed. Rio de Janeiro: Forense, 2002.

_____. *Princípios do processo administrativo e judicial tributário*. Rio de Janeiro: Forense, 2005a.

_____. *Do lançamento tributário no direito tributário brasileiro*. 3. ed. Rio de Janeiro: Forense, 2005b.

# Organizadores

Na contínua busca pelo aperfeiçoamento de nossos programas, o Programa de Educação Continuada da FGV DIREITO RIO adotou o modelo de sucesso atualmente utilizado nos demais cursos de pós-graduação da Fundação Getulio Vargas, no qual o material didático é entregue ao aluno em formato de pequenos manuais. O referido modelo oferece ao aluno um material didático padronizado, de fácil manuseio e graficamente apropriado, contendo a compilação dos temas que serão abordados em sala de aula durante a realização da disciplina.

A organização dos materiais didáticos da FGV DIREITO RIO tem por finalidade oferecer o conteúdo de preparação prévia de nossos alunos para um melhor aproveitamento das aulas, tornando-as mais práticas e participativas.

**Joaquim Falcão** – diretor da FGV DIREITO RIO

Doutor em educação pela Université de Génève. *Master of Laws* (LL.M) pela Harvard University. Bacharel em direito pela Pontifícia Universidade Católica do Rio de Janeiro (PUC-Rio).

Diretor da Escola de Direito do Rio de Janeiro da Fundação Getulio Vargas (FGV DIREITO RIO).

## Sérgio Guerra – vice-diretor de ensino, pesquisa e pós-graduação da FGV DIREITO RIO

Pós-doutor em administração pública pela Ebape/FGV. Doutor e mestre em direito. *Visiting researcher* na Yale Law School (2014). Coordenador do curso International Business Law – University of California (Irvine). Editor da *Revista de Direito Administrativo* (RDA). Consultor jurídico da OAB/RJ (Comissão de Direito Administrativo). Professor titular de direito administrativo, coordenador do mestrado em direito da regulação e vice-diretor de ensino, pesquisa e pós-graduação da FGV DIREITO RIO.

## Rafael Alves de Almeida – coordenador de pós-graduação *lato sensu* da FGV DIREITO RIO

Doutor em políticas públicas, estratégias e desenvolvimento pelo Instituto de Economia da Universidade Federal do Rio de Janeiro (UFRJ). *Master of Laws* (LL.M) em *international business law* pela London School of Economics and Political Science (LSE). Mestre em regulação e concorrência pela Universidade Candido Mendes (Ucam). Formado pela Escola de Magistratura do Estado do Rio de Janeiro (Emerj). Bacharel em direito pela UFRJ e em economia pela Ucam.

# Colaboradores

Os cursos de pós-graduação da FGV DIREITO RIO foram realizados graças a um conjunto de pessoas que se empenhou para que eles fossem um sucesso. Nesse conjunto bastante heterogêneo, não poderíamos deixar de mencionar a contribuição especial de nossos professores e assistentes de pesquisa em compartilhar seu conhecimento sobre questões relevantes ao direito. A FGV DIREITO RIO conta com um corpo de professores altamente qualificado que acompanha os trabalhos produzidos pelos assistentes de pesquisa envolvidos em meios acadêmicos diversos, parceria que resulta em uma base didática coerente com os programas apresentados.

Nosso especial agradecimento aos colaboradores da FGV DIREITO RIO que participaram deste projeto:

### Bianca Ramos Xavier

Doutoranda em direito tributário na Pontifícia Universidade Católica de São Paulo (PUC-SP). Mestre em direito tributário pela Universidade Candido Mendes (Ucam). Sócia coordenadora do setor tributário da Siqueira Castro Advogados, no Rio de Janeiro. Diretora da Sociedade Brasileira de Direito Tributário (SBDT).

## Doris Canen

LL.M em tributação internacional pela Kings College London. Pós-graduada em direito tributário pela FGV. Consultora sênior em tributação internacional na Ernst & Young Auditores Independentes (EY) – correspondente do Brasil no International Bureau of Fiscal Documentation (IBFD), Amsterdã.

## Eduardo Maccari Telles

Mestre em direito tributário pela Universidade Candido Mendes (Ucam). Procurador do estado do Rio de Janeiro. Advogado no Rio de Janeiro e sócio de Tauil & Chequer Advogados. Associado a Mayer Brown LLP. Coordenador e professor de direito tributário em cursos de pós-graduação da FGV. Professor de direito tributário em cursos de pós-graduação da Pontifícia Universidade Católica do Rio de Janeiro (PUC-Rio), da Ucam, da Universidade Federal Fluminense (UFF), da Escola da Magistratura do Estado do Rio de Janeiro (Emerj) e do Instituto Brasileiro de Mercado de Capitais (Ibmec).

## Eliana Pulcinelli

Doutora em direito e mestre em direito público (relações jurídico-tributárias) pela Universidade Estácio de Sá (Unesa). Pós-graduada em direito administrativo e administração pública pela Unesa. Professora de direito tributário (FGV Law Program) e professora titular de direito tributário do curso de graduação em direito no Ibmec/RJ. Exerceu o cargo de subsecretária de Justiça e Cidadania do Estado do Rio de Janeiro, ocupando atualmente o cargo de assessora de órgão julgador, vinculada à Assessoria Direta aos Desembargadores no Tribunal de Justiça do Estado do Rio de Janeiro.

## Lycia Braz Moreira

Advogada especializada em direito tributário, formada pela Universidade do Estado do Rio de Janeiro (Uerj). Mestre em direito tributário pela Universidade Candido Mendes (Ucam). Especialista em direito tributário pelo Instituto Brasileiro de Estudos Tributários (Ibet). Professora dos cursos de pós-graduação em direito tributário da FGV, da Pontifícia Universidade Católica do Rio de Janeiro (PUC-Rio) e da Universidade Federal Fluminense (UFF), além de coordenadora do curso de pós-graduação em direito tributário da Ucam. Presidente da Comissão de Direito Aduaneiro da Ordem dos Advogados do Brasil (OAB) na seção do Rio de Janeiro. Membro da Comissão Especial de Assuntos Tributários e da Comissão da Justiça Federal da OAB/RJ. Diretora da Sociedade Brasileira de Direito Tributário (SBDT). Sócia do escritório Fraga, Bekierman & Cristiano Advogados.

## Marcelo Ludolf

Pós-graduado em direito tributário pelo Instituto Brasileiro de Estudos Tributários (Ibet). Graduado em direito pela Pontifícia Universidade Católica do Rio de Janeiro (PUC-Rio). Tem curso de extensão em direito processual tributário pela Universidade Candido Mendes (Ucam). É membro da Ordem dos Advogados do Brasil (OAB) na seção do Rio de Janeiro, da Associação Brasileira de Direito Financeiro (ABDF) e do Grupo de Debates Tributários do Rio de Janeiro (GDT-Rio). Assistente de pesquisa nos cursos de pós-graduação da FGV DIREITO RIO. Advogado e associado do escritório Basilio Advogados.

## Maurício Faro

Mestre em direito pela Universidade Gama Filho (UGF). Bacharel em direito pela Universidade do Estado do Rio de Janeiro (Uerj). Especialista em direito tributário pelo Instituto Brasileiro de Estudos Tributários (Ibet) e sócio de Barbosa Mussnich e Aragão. Conselheiro titular do Conselho Administrativo de Recursos Fiscais (Carf) e presidente da Comissão de Direito Tributário da Ordem dos Advogados do Brasil (OAB), seção do Rio de Janeiro.

## Mauro Luís Rocha Lopes

Mestre pela Universidade Federal Fluminense (UFF), juiz federal. Ex-promotor de Justiça no Rio de Janeiro. Ex-procurador da Fazenda Nacional. Professor do Master Juris. Autor das obras *Direito tributário* e *Processo judicial tributário*.

## Nilson Furtado de Oliveira Filho

Mestre em direito público pela Universidade do Estado do Rio de Janeiro (Uerj). Exerceu os cargos de técnico do Tesouro Nacional (hoje denominado analista tributário da Receita Federal), procurador do Instituto Nacional do Seguro Social (INSS) e procurador da Fazenda Nacional. Ocupa o cargo de procurador do estado do Rio de Janeiro, atuando como chefe da Assessoria Jurídica da Secretaria de Fazenda do Estado do Rio de Janeiro. Atua também como advogado no estado do Rio de Janeiro.

## Renato Moreira Trindade

Sócio de Mello Alves & Trindade Advogados. Graduado pela Faculdade Nacional de Direito da Universidade Federal do Rio de Janeiro (UFRJ), pós-graduado em direito empresarial, com concentração em direito tributário, pela FGV, especializado em tributação internacional pela Associação Brasileira de Direito Financeiro (ABDF) e graduando em ciências contábeis pela Trevisan Escola de Negócios. Assistente de pesquisa dos cursos de pós-graduação em direito tributário e de processo tributário da FGV.

### René Longo

Mestre em direito tributário. Advogado e consultor jurídico atuante desde 2005. Sua experiência profissional inclui a consultoria fiscal e docência em cursos de MBA, LL.M e In Company da FGV, pós-graduação da Pontifícia Universidade Católica do Rio de Janeiro (PUC-Rio), além da atividade de professor na Escola da Magistratura do Estado do Rio de Janeiro (Emerj) e Fundação Escola da Defensoria Pública do Estado do Rio de Janeiro (Fesudeperj).

### Ricardo Lodi Ribeiro

Doutor e mestre em direito tributário. Coordenador do Programa de Pós-Graduação em Direito da Universidade do Estado do Rio de Janeiro (Uerj). Professor adjunto de direito financeiro da Uerj. Presidente da Sociedade Brasileira de Direito Tributário (SBDT).

### Ronaldo Campos Silva

Procurador da Fazenda Nacional. Mestre em direito processual pela Universidade do Estado do Rio de Janeiro (Uerj).

### Thadeu Soares Gorgita Barbosa

Advogado tributarista. Pós-graduado em direito tributário e financeiro pela Universidade Federal Fluminense (UFF).

Pós-graduado em direito público e tributário pela Universidade Candido Mendes (Ucam). Assistente de pesquisa do LL.M em direito tributário da FGV DIREITO RIO.

## Thais Bandeira de Mello Rodrigues

Advogada tributarista. Especialista em *international oil & gas law*, *contracts and negotiations* pela Rocky Mountain Mineral Law Foundation. Pós-graduanda em petróleo e gás pelo Instituto Alberto Luiz Coimbra de Pós-Graduação e Pesquisa de Engenharia (Coppe) da Universidade Federal do Rio de Janeiro (UFRJ).

## Vânia Maria Castro de Azevedo

Pós-graduanda em língua portuguesa pela Universidade do Estado do Rio de Janeiro (Uerj). Graduada em comunicação social, com habilitação em jornalismo, pelas Faculdades Integradas Hélio Alonso (Facha). Especializada em *publishing management: o negócio do livro* pela FGV. Atua no mercado editorial como copidesque e revisora de livros técnicos e científicos e, atualmente, como revisora do material didático dos cursos de extensão e especialização da FGV DIREITO RIO.